\運動が 苦手な子も フルサポート/

小学校体育 つまずき解消事典

運動が苦手な子のための運動教室「スポーツひろば」代表

西薗 一也 著

明治図書

JN040199

はじめに

　運動が苦手な子を専門とした運動指導や発達障がいを専門とする運動教室を運営し，今まで数多くのお子さんの運動の苦手に向き合ってきました。

> ・大なわに入れず不登校になった子
> ・走るのが遅くていじめにあった子
> ・ボール投げの記録が１ｍの子

など，多くの子どもたちに指導をしてきました。この本を読まれる指導者の方も，以前当たり前のようにできていた子どもたちが，できなくなってきていると感じるのではないでしょうか。

　苦手な子から話を聞くと，「どうせできないし」「できないからつまらない」といった言葉が出てきます。そうです。できるようにならないから「つまらない」のです。小学校の算数は足し算・引き算・掛け算・割り算と簡単なことから徐々に難しくなっていきます。その都度段階的にやり方を教えて行えば，小学校が終わるころには一定の学力が担保されるわけなのですが，体育では投げる・捕る・避けるといった複合要素が入ったドッジボールが突然はじまります。苦手な子は算数でいうところのいきなり掛け算をやらされるわけです。これではスポーツクラブ等で行っていた子は楽しいですが，全くやっていない子にとっては苦手になっても仕方のない環境とは言えないでしょうか。

　体育に限らずですが，全ての教育は簡単から難しくしていくことで，まずはできているという自信を得て，できないことへの意欲の向上につながるのです。この本では両足ジャンプやスキップ，なわとびの１回の跳び方等，今まで指導法が存在しなかった当たり前の動作も「段階的」に指導することによって，できるようになる方法を紹介しています。「体育が嫌い！」という子が少しでも減るように参考にして頂ければ幸いです。

2021年１月

株式会社ボディアシスト　取締役　西薗　一也

目次 CONTENTS

はじめに　3

序章

つまずき解消で子どもの「できた！」を増やす

① 運動の苦手な子へ指導者ができること ────────────── 10

② 褒めることで最大の効果を得る ───────────────── 15

第1章

体つくり運動

❶ 体ほぐしの運動　両足ジャンプができない ──────────── 18
両足で地面を蹴って地面から浮くことができているか／両足を地面から離すことができているか

❷ 体ほぐしの運動　ケンケンができない ──────────── 20
片足ジャンプが連続でできているか／ケンケンのための正しい姿勢ができているか

❸ 体ほぐしの運動　スキップができない ──────────── 22
スキップの動き方が理解できているか／個々の動作はつながっているか

❹ 体ほぐしの運動　上体起こしが一度もできない ──────────── 24
お腹への力の入れ方はあっているか／腹筋に力が入るように体をうまく使えているか

❺ 多様な動きをつくる運動　片足立ちを長い時間維持できない ──────── 26
視線は固定されているか／気をつけの姿勢が維持できているか

❻ 多様な動きをつくる運動　平均台を上手に渡ることができない ──────── 28
視線や姿勢にぎこちなさはないか／高さに恐怖心をもっていないか

❼ 瞬発力　反復横跳びを素早くできない ──────────── 30
膝を曲げて腰を落とせているか／20秒間集中して取り組めているか

⑧　短なわ　前跳びを１回も跳ぶことができない ································ 32
なわをきれいに回すことはできているか／余分な力は入っていないか

⑨　短なわ　前跳びを連続で跳ぶことができない ································ 34
１回目跳んだ後に持ち手がさがっていないか／１回目同様優しく大きく回せているか

⑩　短なわ　跳ぶ回数を伸ばすことができない ································ 36
正しい跳び方か，集中はきれていないか／やみくもに回し，跳んでいないか

⑪　短なわ　後ろ跳びをうまく跳ぶことができない ···························· 38
持ち手の位置が不安定になっていないか／姿勢が崩れていないか

⑫　短なわ　あや跳びをうまく跳ぶことができない ···························· 40
なわを交差できているか／なわを力いっぱい回していないか

⑬　短なわ　二重跳びを１回も跳ぶことができない ···························· 42
なわは十分な速さで回せているか／素早く２回目を跳ぼうとしているか

⑭　長なわ　大なわとびを跳ぶことができない ································ 44
大なわ全体の動きを把握できているか／入るタイミングはあっているか

コラム part1　**授業の最初はまず動くことから！**　46

第2章

器械運動

❶　マット運動　前転ができない ···································· 48
手のひらは全部床につき，腕はまっすぐに伸ばせているか／背中は回りやすいよう丸くなっているか

❷　マット運動　前転から立ち上がることができない ······················ 50
足が伸びてしまっていないか／体は起き上がりやすいよう丸くなっているか

❸　マット運動　後転時に足を持ち上げることができない ···················· 52
体は緊張で固くなっていないか／足上げの勢いは足りているか

❹　マット運動　開脚前後転で脚を広げることができない ···················· 54
脚を広げるタイミングはあっているか／床をしっかりと押すことはできているか

❺　マット運動　倒立で自分の身体を支えることができない ·················· 56
腕の筋肉で体を支えていないか／目線は定まっているか

❻　マット運動　倒立で足を上げることができない ························ 58
背中は曲がっていないか／逆さになることに恐怖心をもっていないか

❼　マット運動　側転ができない ………………………………………………………… 60
手の出し方，全体の動きの流れは分かっているか／腰は曲がっていないか

❽　跳び箱　踏切動作がうまくできない ………………………………………………… 62
脚は揃っているか／踏み込み動作前に余裕はあるか

❾　跳び箱　着手からの体重移動がうまくできない ………………………………… 64
自重を支えるのに十分な腕の力はあるか／反復練習を嫌がっていないか

❿　跳び箱　ロイター板でうまく跳ぶことができない …………………………… 66
体に余分な力が入っていないか／ロイター板の勢いをうまく活かせているか

⓫　鉄棒　鉄棒に乗ることができない ………………………………………………… 68
ひじは伸ばして体を支えられているか／乗り上げる勢いは十分か

⓬　鉄棒　ツバメの体勢を維持できない ……………………………………………… 70
ひじで体を支えられているか／一人でバランスをとることができているか

⓭　鉄棒　前回りができない …………………………………………………………… 72
回ることに抵抗を感じていないか／回ることに恐怖を感じていないか

⓮　鉄棒　逆上がりができない ………………………………………………………… 74
ぶら下がる，回る感覚は十分か／無理な助走をつけていないか

コラム part2　二重跳びができればハヤブサもすぐできる　76

第3章

陸上運動

❶　短距離走　スピードを出すことができない ……………………………………… 78
スタートで正しい姿勢をとれているか／走る際に十分に腕を振ることはできているか

❷　長距離走　長距離を走ることができない ………………………………………… 80
長距離走自体を嫌がっていないか／すぐに走ることをやめてしまっていないか

❸　立ち幅跳び・走り幅跳び　立ち幅跳び・走り幅跳びで遠くへ跳ぶことができない …………… 82
上半身と下半身の動きは連動しているか／助走からの踏切はきれいな体勢でできているか

❹　走り高跳び　走り高跳びで高く跳ぶことができない ………………………… 84
基本的な動きはできているか／助走からそのままバーにぶつかっていないか

コラム part3　話を聞いて実行できた子を褒める　それを聞いて修正した子はもっと褒める　86

第4章

水泳運動

❶ 水慣れ　水に顔をつけることができない……………………………………………88
　　あごをつけることはできているか／水に恐怖心をもっていないか

❷ 水慣れ　うまく呼吸ができない……………………………………………………90
　　鼻に水が入ってしまっていないか／呼吸をするタイミングは分かっているか

❸ けのび　けのびがうまくできない…………………………………………………92
　　まっすぐ体を伸ばせているか／すぐに立ち上がってしまっていないか

❹ クロール　クロールでうまく進むことができない……………………………94
　　手でかくスピードが速すぎていないか／力いっぱいにバタ足をしていないか

❺ クロール　クロールの息継ぎができない………………………………………96
　　泳ぎながらの呼吸の動きはそもそもできているか／息継ぎに必死で体勢が崩れていないか

❻ 平泳ぎ　平泳ぎのタイミングをつかむことができない…………………98
　　手足の動きのリズムは分かっているか／手足の動きは連動しているか

コラム part4　アヒル座りで運動が苦手になる？　100

第5章

ボール運動

❶ 投球　ボールをうまく投げることができない…………………………………102
　　手首の返しはうまく使えているか／余分な力が入っていないか

❷ 投球　遠くまで投げることができない①………………………………………104
　　体が正面以外に向いていないか／ボールが曲がってしまっていないか

❸ 投球　遠くまで投げることができない②………………………………………106
　　体重移動はできているか／足がつく前にボールを手放していないか

❹ 投球　助走からうまく投げることができない………………………………108
　　走る勢い・ボールのサイズは適切か／足（下半身）をうまく動かせているか

❺ 捕球　ボールを捕ることができない ………………………………………………………110
　　捕球の姿勢はできているか／恐怖で，全身に力が入っていないか

❻ 捕球　いろいろな方向からのボールを捕ることができない ………………………………112
　　方向に合わせて足は動いているか／無理に強い力で投げる・捕ろうとしていないか

❼ 蹴球　ボールをうまく蹴ることができない ………………………………………………114
　　足を振りかぶることはできているか／蹴る動作を分かっているか

コラム part5　いろいろ注意せずまずは目線だけ　116

第6章

表現運動

❶ リズム　テンポをうまく取ることができない ……………………………………………118
　　リズムをまず理解できているか／リズムにあわせて体を動かすことができているか

❷ リズム　ステップが覚えられない ……………………………………………………………120
　　視覚で見たステップを自分の中でイメージできているか／ステップは頭の中で定着しているか

❸ 表現　振りを覚えることができない …………………………………………………………122
　　リズム・ステップはそれぞれ理解できているか／曲内での振りのつなぎはうまくできているか

おわりに　124

序章

つまずき解消で子どもの「できた！」を増やす

① 運動の苦手な子へ指導者ができること

　我々指導者は子どもたちの将来を左右するかもしれない存在です。運動を好きにするのも嫌いにさせるのも指導者次第です。そのために子どものできないは全て「指導者の責任」だと思っています。真面目に取り組まない子がいれば，それは授業が楽しくないからです。決して子どもの責任ではなく，授業の工夫や楽しく取り組めるためのアイディア，表現方法や例え方等を常に考え授業をブラッシュアップしてきました。子どもの気合いと根性が足りないからできないのではなく，自分自身の教え方が悪いからできないと思っています。その度にやり方を考えてトライ and エラーを繰り返してきました。今でもそれの繰り返しです。

　運動の「できた」は身体表現です。座学のできたよりも多くの成功体験を味わうことができます。しかし一方で強い失敗体験も生み出します。だからこそ，指導者の力量が問われるのが体育の授業なのではないかと思っています。子どもたちを変えるからこそ，自分自身の授業におごりをもたずに変えることができる勇気も，指導者には必要だと思っています。良い指導は積極的に取り入れて自分自身が常に成長できるよう，お互いに頑張っていきましょう！

①　神経系の動きで体を動かす準備を整える

　通常授業における体育のスタートは「準備体操」ではじまります。しかしこの準備体操，子どもたちには「準備」になっていないのが現状です。屈伸や伸脚といった定番の体操でも，正しくできている子はほとんどいません。とりあえず「やっておく」になっていないでしょうか。そもそも準備体操は怪我の防止が一番の理由ですが，正しくできていない体操は怪我の防止にはつながりません。怪我を防止するには身体を温め，関節可動域を広げることで捻挫や転倒などの怪我を防止することができます。現状の準備体操はその場から動かずに行う静的な体操がほとんどです。もっと動的なアクティブな「準備運動」を行うことで，身体が温まり怪我の防止にもつながります。さらに大事なのは「頭で思い描いた動きを実行する」いわば神経系の動きになります。この神経系の動きで代表的なのが「ケンケンパッ」に代表されるステップです。

　ケンケンパは決められた動きで正しくサークルに足を踏み入れるのですが，正しいステップと足をサークルに入れる力のコントロールが必要になってきます。さらに，ケン→グー→チョキ→パーなどの組みあわせを使うと難易度があがります。そこからさらに難易度をあげると，上半身の動きを組み込み「グーの時だけ手を叩く」など協調運動の強化が望めます。こういった動きは正しく踏めることもそうですが，一番は「考えながら動く」ということが重要です。

必ず成功しなくてはいけないことではないのです。下に書いてあるように最初は簡単なステップから徐々にあげていくことで，思うように身体が動かせるようになる「体つくり」の運動にしていきます。

ステップ系の例

①足を揃えて前方移動するグージャンプ
　足が揃えられずバラついてしまう子もいるので，しっかりと踵や膝をくっつけ離さないでジャンプ。
②ジグザグジャンプ
　グーやケンケンで左右に細かくジャンプしながら前方移動。とくにケンは足底感覚を磨くことができます。
③ステップ
　ケン・グー・チョキ・パーをミックスします。特にチョキ→ケンやパー→チョキは頭で分かっていても，足が動きにくいので組み込むと良いです。
④上半身とのミックス
　上記のステップに「手を叩く」を組み込みます。グーの時だけでなく，パーの時やケンの時に組み込むと難易度はあがります。

❶グー（クラップ）→パー→グー（クラップ）→パーの繰り返し
❷グー→パー（クラップ）→グー→パー（クラップ）へ難易度をあげる
❸右ケン→グー（クラップ）→左ケン→グー（クラップ）などの左右を行う

このように難易度調整が可能です。

②　動物歩きで基礎運動能力をあげる

　近年公園や学校現場では怪我の防止のため，高所遊具が減りました。それにより登る動作が減り，上半身の筋力や体を支持する能力の低下が感じられます。このような能力をあげるには動物歩きを行うと良いでしょう。幼児ではよく行われるのですが，小学生になると走り等の下半身動作に活動が寄るので，雲梯や鉄棒といった課題が出ると苦手な子が続出するようになってきています。
　動物歩きの基本はやはり「クマ歩き」です。両手をついて四肢で歩くだけですが，身体を支

える能力・上半身の筋力強化・手足の運びなど得られる効果は多いといえます。上半身と下半身の連動が重要になってきますので，跳び箱や鉄棒等の動きの代替え運動が可能です。年間通して行うことで筋力と協調動作が伸びていくので，基礎的な運動能力をあげることに役立つはずです。さらにただ前に進むだけでなく，後ろや横移動を組み合わせることで使う筋肉も変わってきますので，動物歩きだけでも多種多様な動きを体験することが可能です。

動物歩き例

①**クマ歩き**…両手両足をつけて歩く

　上半身の強化・体支持の強化・前転の事前動作等が得られます。手のひらを全部つけ，つま先をまっすぐにすることが重要。うまくできない子は内股や足の親指の内側を使って歩くので足の指を全部使って押すように意識しましょう。

②**ウサギジャンプ**…前方に手をつけて両足を揃えてジャンプ

　協調運動が必要な動きです。苦手な子は手と足が同時に床から離れてジャンプをします。前方に置いた手を少しだけ押さえてあげて，足だけ前にジャンプさせてあげることでできるようになっていきます。後ろ向きで行うことで後転の起き上がりに必要な床を押す動作も得ることができます。

③**カエルジャンプ**…上記の動作を足を開いて行う

　跳び箱の動作。手をついて足を広げてジャンプする動作です。ついた手よりも足が前に出れば跳び箱に必要な体重移動も獲得できます。

④**恐竜歩き**…片足でウサギ・カエルジャンプ

　ウサギやカエルジャンプを片足で行う動きです。これはあげている足を高くあげることで倒立につながります。高学年での組体操で倒立ができない子が多くいますので，事前に組み込んでおくといいでしょう。

③　ダイナミックストレッチで柔軟性をあげる

　「子どもの身体が固いんです。」とよく親御さんからお話を頂きます。柔軟体操をやってるんですがと対策についても頂くのですが，子どもにとって，わざわざ痛いことを継続することは難しく，柔軟体操自体が嫌いになってしまう可能性もあります。特に柔軟体操を行うとき，そ

の痛みから，子どもが抵抗をしてしまい身体に力が入り，余計に身体が固くなるという研究結果もあります。そのため通常行う静的な柔軟体操は逆効果になります。

　柔軟性をあげるには必ずしも前屈等の柔軟体操だけではなく，身体を大きく動かすだけでも柔軟効果を得ることはできます。さらに運動に自信のない子は動きが委縮して小さくなってしまうので，身体が固くなりがちです。動作を大きくすることで柔軟性をあげるとともに運動効果もあげることができるようになります。なので体を動かしながら，動作を大きくする動作を行ってみましょう。

ダイナミックストレッチ例

①**大股歩き**…足を大きく広げて歩く

　トレーニングではランジとも呼ばれます。足を大きく広げるので柔軟性はもちろんのこと，速く走るのに必要な筋肉も鍛えることができます。

②**足上げ歩き**…高く足をあげて歩く

　足をあげて歩くのですが「高くあげて！」と言っても子どもたちはなかなかあがりませんので，具体的にどこまであげるのかを指示しなくてはいけません。「目標はつま先がおでこより上」具体的な目標を設定すると子どもたちはその目標を目指して頑張ってあげるようになります。ここでも必ず目標を越えることではなく，あくまで目標に近づけようと思うことが重要なので，できないことは悪いことではありません。

③**お相撲さん歩き**…足を広げて膝を曲げ腰を落とした状態で歩く

　四股歩きともいい，股関節を広げて下半身の筋力強化にもなります。子どもにもイメージが伝わりやすく，ポーズも面白がり積極的に行ってくれます。ボールを捕る姿勢や咄嗟に動き出せる姿勢でもある足を広げて膝を曲げる「中間位」の形成にもつながります。

④　年間通じてやっておきたい筋力系

　筋肉を付けるということはやればすぐ効果が出るわけではないのはご存知だと思います。そのため筋力が必要な種目や動作が出た場合にその都度適度な筋力が無いと「できない」が繰り返されて嫌いになっていきます。筋力トレーニングは小さい積み重ねです。長く続けることができれば自然と能力もあがっていきます。体育の授業の５分行うだけでも年間を通せば大きな効果を生むことができます。特に新体力テストに入っている「上体起こし」は続けてさえすれ

ば去年の記録を確実に伸ばすことができて自信につながります。自信につながるとさらに効果がアップしますので，ルーティンのように授業に組み込むことをお勧めします。

筋力トレーニング例

①上体起こし
　腹筋運動。1回もできない子もいますが，補助を入れて屈曲動作の感覚を取り入れましょう。1年続ければ1回もできない子でも30回はできるようになります。

②足上げ腹筋
　同じく腹筋運動ですが，上半身の持ちあげでなく下半身の持ちあげる動作になります。後転や逆上がりの足をあげる力を付けます。さらに屈曲動作の動的なストレッチも兼ねています。

③ブリッジ
　背屈動作の獲得。柔軟性にもなりますが手で押す力と足で押す力が一致しないときれいなブリッジはできません。はじめは足で押す力が強すぎて手で押すことが難しいでしょう。さらに背屈動作も身体が固いと頭がついたままであげることができない子もいるはずです。もちろんそれでも全然良いということを伝えて，何回も挑戦できることを評価します。数をこなす程，柔軟性と床を押す力が出るようになるので，1年通してきれいなブリッジができるようになることを目指します。できる子は片足上げや足を勢いよく振りあげて，逆立ちや起き上がりにもチャレンジできるので幅広い難易度設定が可能です。

② 褒めることで最大の効果を得る

　速く走れる子はいつから速く走れるようになったのでしょう？　ある程度の差はあっても，何か必ずキッカケがあった筈です。「かけっこで１位になった」「友達と走っている時に一番速かった経験があった」等，そういった経験がある時にかならず周りから称賛されています。

　その称賛がやる気と自信につながって，またあの称賛を味わいたく，日頃から走る時に全力で走るようになるので，速い子はどんどん速くなっていくのです。一方で走りが遅いと言われている子はどうでしょうか？　走りに称賛を浴びることはないので，よほど心が強くない限りどうせ頑張っても無駄だと思うのではないでしょうか。人間褒められるとやる気が出ます。そして自分に自信が出て自己肯定感が高まり，意欲が増していくのです。特に運動は「できた」か「できない」の０か１で判断されがちです。その中にも0.1・0.2のように小さいながら変化が出ているはずなので，それを見逃さずにたくさん褒めてあげないと，運動の苦手な子はいつまでたっても苦手意識をもつことになります。この小さな変化を見逃さないようにするために「観点」が必要になります。例えば前述で出てきた「クマ歩き」を例にしてみます。ただ手をついて歩いただけでも効果はありますが

①手のひらを全部つけること	②お尻を高くあげること
③つま先を前に向けること	④目線をあげること

　以上を評価に加えると上記のことができていただけでも４回褒めることが可能です。その中でも一番お尻があがっている子を評価すれば，他の子たちもこぞってお尻を高くあげようとするでしょう。手のひらが全部つけられていない子でも全部つけている子を評価して，それを聞いた別の子が修正したら「よく先生の話を聞いていたね。すぐ直すことができた！」と間違っていることは指摘せず，修正したことを褒めることも可能です。褒めることはその対象の子だけでなく，聞いて修正をした子を褒めることで，聞いてからでも修正することが良いということを感じさせる授業にすることも可能となってきます。体育の集団行動内でも同様のことが言えます。どうしても遅い子，話を聞かない子，指示を覚えていない子を注意することが多くなります。できない子を注意することは簡単です。しかし一方で正しく行っている子は損をしています。できていない子ができるようになった時にこそ褒めなくては，正しい行動や望ましい行動を子どもたちに伝えることができません。苦手な子こそたくさん褒められる環境をつくり，できない子や問題行動の子が怒られるのではなく，正しいことをすれば良いことがある授業を意識していきましょう。

体つくり運動

器械運動

陸上運動

水泳運動

ボール運動

表現運動

第1章

体つくり
運動

両足ジャンプができない／ケンケンができない／スキップができない／上体起こしが一度もできない／片足立ちを長い時間維持できない／平均台を上手に渡ることができない／反復横跳びを素早くできない／前跳びを1回も跳ぶことができない／前跳びを連続で跳ぶことができない／跳ぶ回数を伸ばすことができない／後ろ跳びをうまく跳ぶことができない／あや跳びをうまく跳ぶことができない／二重跳びを1回も跳ぶことができない／大なわとびを跳ぶことができない

❶ 両足ジャンプができない

両足で地面を蹴って地面から浮くことができているか

できていない背景 ｜ ジャンプという概念が無い

POINT

ジャンプがどのような運動に分解されているかを考える

❶ 両ひざの曲げ伸ばしを押さえる

　ジャンプの一番最初の動作を考えると膝を曲げる動作から開始すると思います。その動作ができているかを，まずは確認しましょう。両足を曲げる→立ちあがる。これを繰り返します。当たり前の動作ではありますが，そもそも当たり前と思われる両足ジャンプができないので，ここで小さな成功体験を積ませます。

❷ 踵の上げ下げを押さえる

　壁や椅子の背もたれ等を使い，手を置きます。つま先立ち→踵をおろす動作を繰り返し行います。踵と踵をくっつけてつま先立ちをすると，自然と親指を中心で押せるようになります。親指で押せるようになってきたら少し足を開いてもできるように練習をしてみましょう。足の親指を意識して指全部で立つことを意識します。

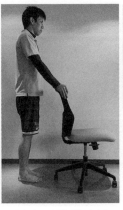
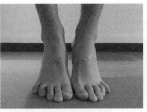
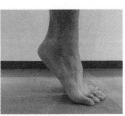
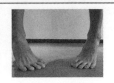

ＮＧ例
踵と踵はくっつけて
つま先立ちをする

□両足で地面を蹴って地面から浮くことができているか
　　ジャンプがどのような運動に分解されているかを考える
□両足を地面から離すことができているか
　　ジャンプの意識をさせすぎず「なんかできた！」を目指す

CHECK

両足を地面から離すことができているか

できていない背景 │ 浮く感覚が十分に育っていない
　　　　　　　　　 │ 片足だけあがってジャンプになっていない

POINT

ジャンプの意識をさせすぎず「なんかできた！」を目指す

❶　動きをつなげる

　事前運動で行った二つの動きをつなげて行いましょう。しゃがむ→立つ→つま先で立つ→踵をおろす。一つ一つを確実にできるようにしましょう。ここで焦って動きを勝手に急いで行ってしまうとまたできなくなってしまいますので，それぞれの動きをゆっくり行い，一つ一つを褒めていきます。

> しゃがむ→「しっかり座ることができた！」　立つ→「素早く立ちあがれた！」
> つま先で立つ→「すごく高くできたね！」　踵をおろす→「一つ一つきれいにできたね！」
> 先生と同じ動きができてる子→「ちゃんと先生と同じ動きができてる！」

　一つ一つができている子と，先生と同じ動きができている子，をそれぞれ褒めることで指示とおりにできていることに対して評価をしていきましょう。

❷　余分な動きをカットする

　❶の動作から「立つ」をカットして練習します。しゃがむ→一気につま先立ち→踵をおろす。上記を繰り返します。慣れてきたら，立つをカットした分，スピードをどんどんあげていきます。ただあくまでもジャンプではありません。しゃがんだ状態から素早くつま先立ちになるようにしてください。これを繰り返し行うことで，ジャンプができる瞬間が訪れます。「もうできるから頑張って！」等の掛け声は意識が強く入りすぎるので，結果もとに戻ってしまいます。あくまでも自然にできた！　を待ちましょう。

体ほぐしの運動

② ケンケンができない

CHECK

片足ジャンプが連続でできているか

できていない背景 | 片足でジャンプができない
ケンケンの動きが理解できていない

POINT

スモールステップで片足ジャンプ＆片足着地することに慣れる

❶ 片足ジャンプに慣れる

　まずは両足ジャンプから片足立ちを行います。ジャンプをして片足着地を繰り返して体重をしっかりと自分の片足で支えられる実感を得させましょう。続いて片足からジャンプ→両足着地を行います。ここで小さな成功体験を重ねてその場で片足ジャンプ→片足着地につなげます。

　片足で着地する際に注意しておきたい点として「つま先が前に向いているか？」を確認しましょう。できない多く子たちはつま先が内側に向いている傾向があります。バランスは足の親指でとりますので，親指が前に向いていないと，身体を支えることができずに前に倒れてしまいます。つま先を前に向けることで親指も自然と前に向きますので，前に立ってあげて「先生の方につま先を向けてやってみよう！」と声掛けをして練習をしていきましょう。

❷ 連続で片足ジャンプを行う

　壁や補助を使い片手は何処かにつかまる（もしくは寄っかかる）状態でその場ケンケン→前進ケンケンへとつなげましょう。どうしてもバランスがうまく取れないと不安になってしまうので，片手だけでも寄り掛かって安心感を得た状態で連続ケンケンを目指します。

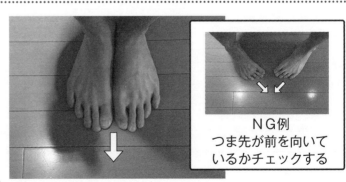

ＮＧ例
つま先が前を向いているかチェックする

□片足ジャンプが連続でできているか

　スモールステップで片足ジャンプ＆片足着地することに慣れる

□ケンケンのための正しい姿勢ができているか

　「足の親指」の使い方を意識させる

CHECK

ケンケンのための正しい姿勢ができているか

できていない背景 │ 足の親指で体重を支えていない

　　　　　　　　 │ 目線が下に落ち，背筋が曲がってしまう

POINT

「足の親指」の使い方を意識させる

❶　壁ケンケンで意識する

　自分の体重を支え，前に踏み出すことができるよう，壁や補助を使いケンケンで練習をします。つま先を前に向け，正面の先生の顔を見ながら行います。踵から地面についてしまうと後傾姿勢になりバランスが取りづらくなってしまいます。踵はあまり地面につけずに足の親指に体重が掛かるように練習を続けましょう。まずは回数設定で行います。2回ケンケンで両足ストップ。できていても一気に回数を増やさず，刻みながらあげていきましょう。最終的には距離の目標を付けて行います。なるべく少ないケンケンの回数で行うことができれば短距離のスピードアップのトレーニングにもなります。

❷　目線が落ちないよう目標物を設定する

　ケンケン等の不安定な動きを行う場合，不安になって足元を確認したくなってしまいます。足元を見ると目線が下に向き，背中が曲がってしまいます。そうすると重心位置が前になり，余計にバランスを取ることが難しくなりますので，目線は前に向けることが重要になります。

　この場合には子どもの前に立ち

　・「先生の顔を見ながらやってみよう！」

　・遠くの目標物を設定して「舞台を見ながらやってみよう！」

など近くのものを見させるのではなく，遠くのものを見るようにして行ってみましょう。

体ほぐしの運動

❸ スキップができない

CHECK

スキップの動き方が理解できているか

できていない背景 | 動きの構成が指導者もよく分かっていない
分からないが故に指導法が確立できていない

POINT

スキップの動作を分解して一つ一つの動きを確認する

❶ 動きを分解する

　まずスキップに必要な動きの要素をチェックします。前項で既に行っていますが子どもによってはつまずきポイントは非常に偏るので，まずはチェックをしてみましょう。

---

①両足でジャンプ　／　②右足ケンケン　／　③左足ケンケン

　以上ができていればスキップを構成する動作の習得ができています（できていない場合はそれぞれ前の項目の活動に取り組んでみてください）。

❷ 動作をつなげる

　スキップの動作を分解して考えると，右足ケンケン→気をつけ→左足ケン→気をつけの動作の連続になります。ポイントはケンの間の「気をつけ」になります。この「気をつけ」につまずいてしまった場合，最初は前に立って両手をもち，動作を一緒にやってあげましょう。先生が右足をあげて「先生と同じ足をあげてみよう！」と子どもの左足をあげさせて，一歩ケンをします。そしたら足はあげたまま，足をおろして「気をつけ」をします。

　どうしても最初は焦ったり，動作が分からなくなることもありますので，最初は手を取り模倣をさせてできていることをチェックし，自信をつけさせていきましょう。

CHECK&POINT

☐スキップの動き方が理解できているか
　スキップの動作を分解して一つ一つの動きを確認する
☐個々の動作はつながっているか
　「右ケン→気をつけ→左ケン」を繰り返し，動きの定着を目指す

CHECK

個々の動作はつながっているか

できていない背景 | 頭で考えたとおりに体を動かすことができない
模倣運動やイメージの苦手

POINT

「右ケン→気をつけ→左ケン」を繰り返し，動きの定着を目指す

❶ 「右ケン→気をつけ→左ケン」と明確に動きを指示する

　本来のスキップをする時には反復動作の「気をつけ」は入りません。できない子の多くは連続する動作をつなげられず考えながら行って失敗します。動きが理解できない子にとっては言葉でも納得できていないので，明確にやる内容を指示することが重要です。最初はぎこちないですが，反復することによって動きの最適化が行われていきますので，きれいに，リズミカルにできることよりも，指示どおりできていることを褒め続けましょう！

❷ 動作を反復，激励する

　両足ジャンプの時と同様に，できていることを何回も繰り返すことが一番の成功の近道になります。リズムが取れないのはまだ動きが最適化できていないだけです。挑戦していること，指示どおり行えていることを評価してあげて，自信をつけてあげましょう。ある程度できるようになれば，手の動きもいれていきます。

　ここで手足が一緒になってしまう子が出てきます。手をあげ，反対の膝を引きあげることが重要になるのですが，はじめの段階ではそれも難しいと思います。そこで「左手をあげて右足をあげてスタート」というように最初に出す足と手を決めてあげましょう。最初の動きが決まっているとスムーズにスタートできます。それでも途中で一緒になってしまう子もいると思いますので「リズムよくはできてたよ！」等，失敗の中のできたことを褒めて反復の意欲につなげていきましょう。

4 上体起こしが一度もできない

CHECK

お腹への力の入れ方はあっているか

できていない背景 | お腹の屈曲動作が分からない
筋力はあるが，どこに力を入れればよいのかが分からない

POINT

お腹の屈曲動作を体験させる

❶ 屈曲の仕方を押さえる

　重力に反する動きは抵抗が生まれるので，重力に従う動きで屈曲の仕方を学びます。

　まず立った状態で両手を交差して肩の上に置きます。そのままお辞儀をするように腰を曲げさせます。これでも腹筋を使っているので，まずは曲げるということに慣れることが必要です。

❷ 補助付きで腹筋する

　腹筋動作はテコの原理も使用していますので，太ももの筋肉も使います。慣れるまでは補助を付けて腕の力も使いながら上体を起こせるようにします。慣れていない子の多くは腹筋での屈曲動作が分からない子がほとんどです。そのため補助を使って負荷の無い状態で屈曲の動作を覚えて負荷をかけても屈曲できるようにしていきます。

　決められた回数もあると思いますが，自力で1回もできない子に対して20回等の目標は高すぎますし，他が終わって一人だけ残って行うのはモチベーションの低下につながります。目標設定を5回など少ない所から開始して，慣れてきたら回数をあげていきます。自力で5回＋補助で5回など少しずつ回数をあげていくことで，1年もあれば30回以上できるようになる子もいます。

はじめは補助ありで
腕の力も使って

CHECK&POINT

□お腹への力の入れ方はあっているか

　お腹の屈曲動作を体験させる

□腹筋に力が入るように体をうまく使えているか

　目線を意識させ，反復練習で定着させる

CHECK

腹筋に力が入るように体をうまく使えているか

できていない背景 | 屈曲動作の未修得・力の入れ方が分からない
| 成功イメージがつかないので，どこにどう力を入れるのか分からない

POINT

目線を意識させ，反復練習で定着させる

❶　上体起こしの際の目線に注意させる

　できない子の多くはお腹に力を入れることを意図的にすることができません。前項のように力を入れる，という動作が分かっていないことのほかにも，上体起こしを行うための身体のうまい使い方が分かっていない場合があります。上体起こしの際には，まずあごを引き，お腹に力を入れますが，この使い方が分かっていないと，あごを天井につけるような動作になってしまいます。最初の寝ている状態からおへそだけを見る腹筋をやって腹筋に力を入れることを学ぶのも良いやり方です。

❷　力の入れ方，身体の使い方を定着させる

　腹筋運動は１回でもできてしまえば，あとは反復練習です。その１回をできるように補助や代替運動で，まずは１回！　を目指して行っていきましょう。どんなに運動が苦手でも，圧倒的回数をするだけですぐに追い越すことが可能です。数を積み重ねる「努力」の成果が一番出る種目でもありますので常時行うことをお勧めします。

おへそを見て
おでこを膝に近づけるつもりで

5 片足立ちを長い時間維持できない

CHECK

視線は固定されているか

できていない背景 | 姿勢が悪い
つま先の向きが悪い

POINT

正しい姿勢で目線を固定させる

❶ 目線を固定する

　人は7〜8割は目でバランスを取っています。その目線が定まっていないとバランスを崩してしまいます。目標物（ボール・コーン）を置いてまずは視線を固定することを覚えましょう。

目標物の高さを変えると
視線の位置も調整できる

❷ 姿勢を正しくする

　背中が曲がっていると前方向に体重が大きくかかります。そのことで体重を支えきれず前に倒れます。逆に後傾姿勢の場合は後ろに倒れてしまいます。気をつけの姿勢から手のひらを外側に向けると強制的に姿勢をまっすぐにすることができるので気をつけの姿勢から意識づけるようにしましょう。

CHECK

気をつけの姿勢が維持できているか

できていない背景 | つま先の向きがおかしくバランスが崩れてしまう
怖がって膝が曲がり足の筋力でバランスをとろうとする

POINT

自分の身体の動きを集中させる

❶ つま先の向き，力の入れ方を確認する

　「集中して！」と言っても子どもは集中しないので，まずは目線を固定させることで明確な目標を提示させることで集中させます。

　次にバランスをとるために，つま先の向きのチェックしてみてください。つま先が内側に向くと小指で全体重を支えることになりますので，一気にバランスは崩れてしまいます。また後傾姿勢になると踵で踏ん張ることはできないので一気に崩れてしまいますが，前傾姿勢はつま先で制御することが可能です。

❷ 天井に引きあげられているイメージで膝を伸ばす

　膝が伸びていれば踵から骨盤まで一直線になるので，身体全体を骨で支えることが可能ですが，膝が曲がってしまうと筋力で支えることになってしまいます。

　特にバランス系は崩れると真っ先に下を向いてしまうので背中を曲げ，膝を曲げて頭の位置をできる限り地面に近づけて恐怖を取ろうとするのですが，余計に筋力を使うのでバランスが取れずによろけてしまいます。まずは目線の固定と，髪の毛を少しだけ真上に引っ張ってあげて「天井に引きあげられているイメージ」をつくり，膝を伸ばすことで安定感が増していきます。筋力の強い運動を行っている子はレベルをあげて，逆に曲げてバランスを取ることで同じバランスでも難易度を設定することが可能です。

多様な動きをつくる運動

6 平均台を上手に渡ることができない

CHECK

視線や姿勢にぎこちなさはないか

できていない背景 │ 視線が定まっていない
│ つま先の向きが悪い

POINT

スモールステップで不安定な場所を歩く

❶ まっすぐ歩く

バランスのとり方は「片足立ち」のページ（26ページ）で行いました。しかし，高さが出て，さらに移動を伴うと恐怖心がどうしても出てきてしまいます。まずは地面に書かれたラインから落ちないように歩く練習からはじめましょう。片足立ちのように視線を1か所に固定して，姿勢をまっすぐに整え歩くのが成功のコツです。

❷ 不安定な場所を歩く

長いなわを地面に置いてその上を歩いてみましょう。足の裏でしっかりと踏む意識も出ます。多少不安定ですが足は浮いていないので，恐怖心は少ないでしょう。途中でわっかをつくるとさらに足裏の意識を高めることが可能です。最初はなわを見ながら，徐々に目線を外して歩けるようにしてみましょう。

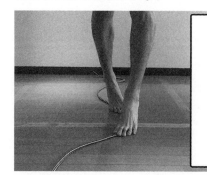

まずは床に書かれた
ラインからスタート
慣れてきたら
少し不安定な
なわの上にチャレンジ

□視線や姿勢にぎこちなさはないか
　スモールステップで不安定な場所を歩く

□高さに恐怖心をもっていないか
　低いところからバランスをとるようにする

CHECK

高さに恐怖心をもっていないか

できていない背景 | 高さに対する恐怖心がある
足裏だけでまっすぐ歩く自信が無い

POINT

低いところからバランスをとるようにする

❶　まずは足首〜跳び箱の高さからはじめる

　高い所で無理やりやって落ちる・怪我をすると余計に恐怖心は強くなってしまうので，指導を焦らずに低い所からバランスを取れるようにしていきましょう。まず，平均台の足が取れるものだったら取り外して直接地面に置いても良いです。さらに身長の低い低学年の子だと乗る動作だけでバランスを崩してしまう子もいるので，跳び箱等で高さを合わせて安定させた場所からのスタートも効果的です。

❷　恐怖心には成功の自信で立ち向かう

　平均台を上手に歩く前に乗る段階でバランスを崩してしまってはその先もうまくできません。
　できない部分とできる部分を切り分けて，できている部分をしっかりと繰り返して自信をつ
け，少しずつできないことにチャレンジしていきましょう。

　「怖がらなければ大丈夫！」という言葉は精神論にしかならないので，補助を付けて何回もまずは成功をさせることが一番の近道だということを忘れないでください。

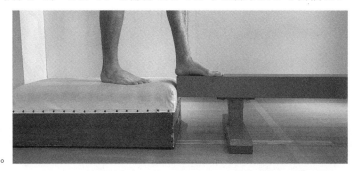

7 反復横跳びを素早くできない

膝を曲げて腰を落とせているか

できていない背景 | 膝が曲がらず，ターン時に動きが止まってしまう
ルールが分かっていない

POINT

１本のラインで腰を落とす練習を繰り返す

❶ １本のラインを使って感覚の練習をする

　反復横跳びは１m感覚の３本の線を全て必ず踏む，もしくは超えることが条件になります。３本全てをまたいで行うにはまだ慣れないので，まずは１本線からはじめてみましょう。右足で線を踏んで，右方向に移動して左足で線を踏みます。クロスステップになる子も多いので，しっかりとしたサイドキックでの移動を心掛けましょう。

❷ 「腰を落とす」を理解する

　反復横跳びが遅い原因はターンの遅さによることが多いです。ターンをする際によろけてしまう，耐えられなくてオーバーランが起こる等があります。これらが起こる原因は腰の高さにあります。膝が立った状態で横方向から力が入ると「踏ん張る」ことができません。スピードを止めるには膝を曲げて腰を落とさなければいけません。膝が曲がらないと踏ん張ることもできませんが，曲げる・伸ばすを繰り返しながら横移動の見本を見せて「曲げていた方と，曲げ伸ばしして移動してた方だったらどっちが速そう？」などの質問をして，曲げた方が速いという意味をもたせてあげるのも良いです。

　どうしても膝が伸びてしまう子には最初に腰を落としたポーズを取らせて，その高さになわとび等を持って「このなわとびに頭が当たらないように」と高さを視覚的につくってあげて，くぐるイメージで行うことで膝を曲げる感覚をつかんでいきます。

CHECK&POINT

□膝を曲げて腰を落とせているか

　１本のラインで腰を落とす練習を繰り返す

□20秒間集中して取り組めているか

　記録が伸びていることを実感して自信につなげる

CHECK

20秒間集中して取り組めているか

できていない背景 | 競争意識が芽生えていない
苦手意識で最初から諦めてしまう

POINT

記録が伸びていることを実感して自信につなげる

❶　集中力を持続させるために目標を設定する

　すでに速い子がいると諦めが入ってしまいます。素早さを求める種目は相対評価ではなく絶対評価で個々の達成可能な目標を設定してあげることが重要です。

　最高記録が50回の子と30回の子を同列で評価することは集中が続かない原因の一つになります。自分の記録＋１〜５回に目標値を設定して超えられたか超えられないかで評価をしてあげることで成長を感じることができ，あと少しで超えられる微妙な設定をすることで集中力を維持させていきます。

❷　成功体験で集中力につなげる

　測定に関わる種目全てに言えることですが，良い成績を出せたことは確かに良いことではあります。その子が努力した結果が数字で表れています。しかし，そこで努力を辞めさせず常に＋１回を目標設定することで得意な子とも同列で評価をすることができます。

　苦手な子は高過ぎる目標ではやる気が無くなってしまうので，小さな目標を何回も達成させて，成長を実感させ成功体験をたくさん積ませることでやる気と努力を学び，成長していきます。

⑧ 前跳びを1回も跳ぶことができない

CHECK

なわをきれいに回すことはできているか

できていない背景 | 手足の協応動作ができない
なわの回し方が分からない

POINT

スタートポジションから回し方を確認する

❶ なわの回し方を押さえる

スタートポジションを最初に意識させます。これをつくらないと肩から，床にたたきつけるように回してしまうので，かならず，胸の前に持つことからはじめるよう指導しましょう。なわを持つ手は爪が天井を向くように持たせます。最初は，「手を下にさげる」動きだけを行いましょう。

❷ なわを回して前へ

手を下におろしたら爪が天井を向いたままなわを前へ回します。片手で持つ練習も良いです。

指導者が正面に立って両手を補助して回す感覚を覚えさせても良いでしょう。前にコーン等を置いて回して引っ掛ける練習も良いです。全てにおいて床には軽くつけることを意識させていきましょう。なわとびカードでも，最初にある前まわしができないと一つも塗りつぶすことができずになわとびへの興味が無くなってしまいます。一つずつ，成功体験を積ませましょう。

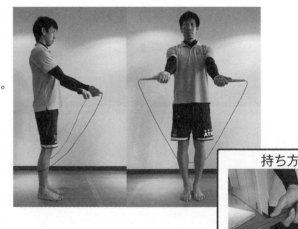

持ち方

CHECK

余分な力は入っていないか

できていない背景 | 「なわを回す＋ジャンプ」と跳び越えることであたまがいっぱい
力で解決しようとなわの回しが強くなり，ジャンプが高くなる

POINT

子どもがリラックスできる活動&評価にする

❶ 回す→つま先にあてる→ジャンプの簡単な活動を行う

　なわが優しく回ってきて，つま先になわが当たったら真上に優しくジャンプします。跳び越える必要はありません。今度はなわが地面についたら優しく真上にジャンプ。これも跳び越える必要はありません。以上を反復していきましょう。

❷ 子どもがリラックスできる評価にする

　跳べない子の多くはなわを回そうとする腕の動きと一緒にジャンプをしています。もしくはなわをおろす速度が速すぎるかです。ゆっくり地面についたのを確認してからジャンプの練習を繰り返すことで跳ぼうとして跳ぶのではなく，自然と跳べたを演出する必要があります。

　そのため評価は

---

①地面についた時にジャンプできてるか？
②真上に優しくジャンプをできているか？
③なわは地面にやさしくつけているか？

を評価基準にしましょう。無理やり跳ぼうとするとまた力が入ってしまうので，どんどんできなくなっていきます。なわとびは疲れる種目ではありません。必要最低限の力を使って跳ぶので身体の使い方のトレーニングにもなります。

⑨ 前跳びを連続で跳ぶことができない

１回目跳んだ後に持ち手がさがっていないか

できていない背景 | 動作をつなぎ連続させることができない
跳んだ後，なわを回す動きができない

POINT

持ち手をチェック＋段階的にジャンプの練習をする

❶ なわの連続での回し方を押さえる

　１回跳べるようになったら，終わった後の手の形にも注目しましょう。なわとびの先が下を向いていると２回目を回す時に，下にたたきつける動作に戻ってしまいます。１回跳び終わった後も太ももの横で爪が見える位置になわが来るようにしましょう。

❷ 「１回跳べたら回すだけ」を練習する

　手のチェックが終わったら実際に練習を行いますが１回跳べた時同様に，じゃあ２回跳んでと言って跳べるわけではありません。「回す→１回目のジャンプ→なわを前へ回す」ここまでを練習しましょう。１回何とか跳べた子が，２回目簡単になるわけではありません。あくまで段階的に行っていきます。

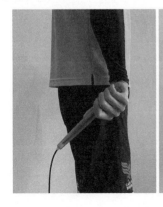
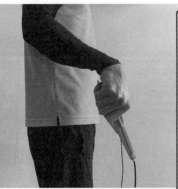
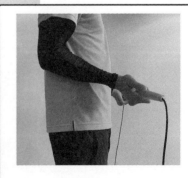

OK な持ち方

CHECK&POINT

☐ 1回目跳んだ後に持ち手がさがっていないか
　持ち手をチェック＋段階的にジャンプの練習をする

☐ 1回目同様優しく大きく回せているか
　課題を小刻みに，小さな成功体験で自信をつける

CHECK

1回目同様優しく大きく回せているか

できていない背景 | 跳び越えることであたまがいっぱい
1回目同様，力で解決しようとなわの回しが強くなり，回すなわも速くなる

POINT

課題を小刻みに，小さな成功体験で自信をつける

❶　1回跳ぶ→回す→その場でジャンプを繰り返す

　ここまでくると1回回すやり方と一緒になります。1回跳んで回してきても足についたらその場で両足ジャンプをします。

　どうしても跳び越えることに意識が強く行き過ぎて力が入ることが多いので，一つ一つ課題をクリアさせて，余裕が出たらそのジャンプで超えてみようと指示を出します。以降3回跳ぶ時も同様に行い，連続跳び慣れてきたら5回，10回を目標に練習してみましょう。1回跳べるようになっても，体の動きはまだできあがっているわけではありません。跳べたから大丈夫と思っているとすぐに1回も跳べなくなってしまいます。1回跳べたから2回もできるはずと思わずに，あくまで段階的に指導を行っていきます。

　同様に1回旋2跳躍を1跳躍にするのもまずはゆっくりと行ってください。速すぎると本人自身が体を制御できずに勝手に動いてしまいます。とにかくゆっくりなわを回してジャンプは1回，と意識させ，少しずつ，確実にできるよう指示をだしていきます。

短なわ

⑩ 跳ぶ回数を伸ばすことができない

CHECK

正しい跳び方か，集中はきれていないか

できていない背景 | スピードを途中で変えてしまう
前や後ろに移動しながら跳んでしまう

POINT

10回も100回も跳び方は変わらないことを教える

❶ 100回跳ぶのに何時間かかるかゲーム感覚で確認させる

「30秒間で何回跳べるかチャレンジ」を行ってみましょう。引っ掛かっても0にはせず，そのまま数えます。子どもたちにとって100回とは途方もない数に思えます。「どれくらい時間がかかるのか？」が予想もつかないので100回のイメージをまずは良くします。

1秒間に1回のペースで跳んだとしても100秒＝1分40秒，仮に1秒間で2回跳んだとしたら50秒。1分以内に終わる計算になります。具体的な数字を出して子どもたちに簡単にできる印象を与えます。

❷ 長く跳べるようにするためのルールを確認する

長く跳ぶために注意しなければいけないことを確認します。

①目線を動かさない
②小さいジャンプ
③常に同じスピードで
④その場でジャンプを続ける

何をすればできるようになるかを明確に提示しましょう。

CHECK

やみくもに回し，跳んでいないか

できていない背景 | 跳び越えることであたまがいっぱい
　　　　　　　　 | 力で解決しようとするためなわの回しが強く，回すなわも速くなる

POINT

連続跳びは同じ動きを続けられる集中力を重要視させる

❶　1回跳ぶ→回す→その場でジャンプを繰り返し練習する

　連続跳びの回数を伸ばすことは非常に簡単です。「1回目の動きを100回」行えば100回はすぐに跳べるようになります。しかし，体力や集中力によって跳び方が途中で変わってしまい，そこで引っ掛かることになります。なので反復練習によって，必要な筋力と体力を養うことで最後まで集中力が続くようになっていきます。30回くらいでしたらある程度はみなすぐに達成できると思いますが，50回以上になってくると疲れで集中が途切れて引っ掛かることも多くなるでしょう。

❷　具体的な失敗理由を指摘する

　回数なのでどうしても気合いと根性論で語りがちになってしまいますが，なぜ失敗したのかを具体的に提示することで明確な目標を得ることができます。

> 「●回目を越したらリズムが変わった」
> 「●回越えてから目線が下を向いてしまった」

等，前述の長く跳ぶためのルールに当てはめて続かなかった原因を明確にすることで，次行った時にその部分を修正することが可能です。例えば前回32回目で下を向いてリズムが崩れた場合は，32回目でもしっかりと前を向いて跳べていたら，修正することができたということになりますので，そこを評価することができます。良かった点，悪かった点を明確にしてどう頑張れば伸びるかの提案していくことで回数は伸びていきます。

後ろ跳びをうまく跳ぶことができない

CHECK

持ち手の位置が不安定になっていないか

できていない背景 | 目で見えてない部分は不安になってしまう
恐怖心によりなわ跳びの中心点がずれてしまう

POINT

前まわし同様スタートポジションを決める

❶ なわの長さが変わらないよう，手の位置を固定する

　なわとびはなわが円運動をすることで連続跳びができます。円運動をするには円の中心が必要で，なわの持ち手にあたります。

　前まわしだと体の横で回せているので，最もなわが長い部分が足元にきて跳ぶことができます。しかし後ろ回しになると，顔に当たる恐怖から持ち手を見える位置に置きたくなり，円の中心が前に移動してしまいます。なわが最も長くなる位置も移動してしまうため，子どもたちは引っかかりやすくなります。また顔に当たる恐怖から，頭の位置が腰を曲げてさがってしまいます。頭をさげることで円の中心である持ち手がさらに前にいってしまい，最も長い部分もさらに前方に移動し，跳ぶことが困難になってしまいます。

❷ なわを大きく回す

　後ろ跳び成功させるためには，スタートポジション（「気をつけ」の姿勢）を定着させることに加え，なわを大きく回すことが重要になります。特に足元をなわが通過する時，速く前になわを持っていきたい思いから，小さく回してしまいがちです。下も上同様に大きく回さないと跳ぶことができません。跳べない子の多くはなわが床についておらず膝の裏になわが当たる子もいます。そこでまずは跳ばずに後ろの床になわをつける練習をします。パチンとついたら合格です。つかない場合は小さく回しているので，大きく回すことで床になわがつくようになります。

CHECK&POINT

□持ち手の位置が不安定になっていないか
　前まわし同様スタートポジションを決める

□姿勢が崩れていないか
　前まわしと同じく身体を「気をつけ」の姿勢で跳ぶ

CHECK

姿勢が崩れていないか

できていない背景 | 恐怖心と不安で体勢を維持できない
なわが目の前を通る恐怖心から，身体に力が入ってしまう

POINT

前まわしと同じく身体を「気をつけ」の姿勢で跳ぶ

❶　まずは1回を正しい姿勢で目指す

　前まわし同様に目線が前，気をつけ姿勢を意識するようにさせてください。ジャンプも優しく気をつけ姿勢で1回，力を抜いてできたら2回，3回と徐々に回数をあげていきましょう。ただし急激に回数をあげるとまた力が入ってしまうので，最初はとにかくゆっくり，大きく行うことを意識させましょう。

❷　子どもたちの恐怖心を和らげるようなほめ言葉を使う

　前まわしよりも後ろ回しの方が肩が回しやすいのでやりやすいという子もいます。前跳びに慣れ過ぎてると，なわが顔にくる恐怖がなかなかぬぐえず，どうしても体が硬直してしまいがちです。最初は回数を褒めるのではなく，

・「気をつけ」の姿勢で跳べているか？
・手の位置は大丈夫か？
・ジャンプは小さくできているか？

といったフォームが正しくできていることを褒め，自分でどこを頑張れば良いのかを明確にしてあげましょう。

短なわ

12 あや跳びをうまく跳ぶことができない

CHECK

なわを交差できているか

できていない背景 | 交差はするが跳ぶ時は前跳びになっている
どのように交差すれば良いか分からない

POINT

交差は大きく，左右差が起こらないよう練習する

❶ まずは跳ばずに交差の練習をする

なわを前において，その場で交差の練習をします。極力なわを長く持ちたいので，持ち手の後ろをつかむようにしてください。身体の前で交差をするのですが，ポイントがあります。

① 交差した腕を体につける
② 腕は肘と肘まで深く交差をして位置はおへそ
③ 交差した時に左右の高さがあっているか？

❷ 回して交差の練習をする

❶ができたら今度はなわを体の後ろからスタートして，なわを回して交差をします。ジャンプは一切しません。回して交差をした時に❶のポイントができているかどうかチェックをしましょう。さらになわが地面についた時になわの中心がつま先にきているか？　なわが横に流れていないか？　をチェックしましょう。

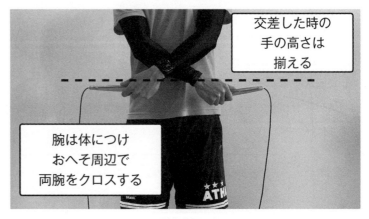

交差した時の
手の高さは
揃える

腕は体につけ
おへそ周辺で
両腕をクロスする

CHECK&POINT

□なわを交差できているか
　交差は大きく，左右差が起こらないよう練習する
□なわを力いっぱい回していないか
　回す→交差の動きをスムーズにつなげる

CHECK

なわを力いっぱい回していないか

できていない背景 | 成功体験が無いので動きの理解ができていない
やり方が分からずとりあえず力を入れて速くしてしまう

POINT

回す→交差の動きをスムーズにつなげる

❶　1回を跳ぶ

　前ページの❷で行っていた練習にジャンプを加えます。ただし跳び越えることはしません。前跳びの時のように，足になわがついたら上に優しくジャンプをするだけの練習です。全ての動きをつなげて，跳ぶことに意識するのではなく，交差の形が上手にできていることに集中させましょう。

　自信がついてきたら，前跳びの時同様に「なわが床についたらジャンプ」にします。ここでも跳び越えることが目標ではなく小さいジャンプができることを評価していくことで正しい姿勢を維持して跳べるようになります。

❷　動きを整理させる

　何をやればできるようになるかを明確にすることで集中ができるようになります。交差から突然子どもたちの苦手意識が出てきますので，そんな難しいことではないというのを手順クリアさせながら実感してもらいましょう。特に最初の動作は大きくします。慣れてくると最適化されてきますので，最小限の力でできるようになります。しかし，最初から小さい動きになっていると，最適化できずに失敗体験が蓄積されてしまうので，前ページの交差練習からジャンプ，と繰り返し練習させましょう。

⑬ 二重跳びを１回も跳ぶことができない

なわは十分な速さで回せているか

できていない背景 ｜ なわをどれくらい速く回すかの基準が分からない

POINT

なわの速さは１秒間に３回を目指す

❶ どれくらい速く回せればできるのか？　を理解させる

　「とにかく速く回す」という表現は抽象的で子どもたちの目標が定まりません。明確な基準を設けてあげることで「できる」自信につなげていきます。ここでは「１秒間に３回」を基準にします。「30秒間で何回跳べるか？」チャレンジを行い，100回に近くなればなるほど二重跳びの基準を満たしていると伝えます。30秒間の合計数で割って自分が１秒間に何回跳んでいるかの計算をさせても面白いです。

❷ いきなり二重跳びの速さで感覚をつかむ

　前まわしを何回か回してから跳ぶ予備動作がある跳び方もありますが，速く回している状態からさらに速くすることは力の緩急を使うので最初は難しいです。まずは予備動作なしで「１回跳んだら素早くなわを前に持ってくる」練習をします。跳んで素早く前に持ってきたなわを跳ぶことができれば成功になるので明確な成功イメージを立てておきます。

　できずに落ち込んでしまっている子に対しては１回跳んだら素早く前に回す練習の際に，着地した時になわがどこにあったのかを教えてあげます。

> 「腰の前あたりだったのか？」→「膝付近までなわがきていたのか？」→「そうしたらあと0.3秒くらい速く回せればもうできそうだよ？」

　といった具合に１秒未満の遅れ程度しかないことを理解していきます。回す速度をあげるためには小さく速く回すことです。大きく回すと速くは回らないので小さく速く回せるようにしましょう。

CHECK

素早く２回目を跳ぼうとしているか

できていない背景 | ジャンプをして２回跳ぶことがとても難しく感じている
ただ思いっきりやるだけになっている

POINT

前跳びを挟んで２回跳ぶ流れを身に付けさせる

❶　まずは１回を跳ぶことを目指す

　前ページ❷の練習を繰り返し行います。最初はしゃがんでもお尻をついても大丈夫です。特に最初は２回目のなわを前に下ろすだけのケースが多くみられます。足に当たるくらいのつもりで素早く２回目も回します。３回転なわを回す気持ちでも大丈夫です。「前まわしで跳んだジャンプが床につく前に素早くなわを前に持ってこればできる」ということを明確にして１回を目指します。

❷　二重跳び１回→前跳び１回をスムーズにできるようにする

　連続で跳ぶためには１回目を跳んだら次跳べるだけの余裕が無ければいけません。どのような形でも１回できたら「前まわし１回を跳ぶ」ことをやってみましょう。最初は不安定な体勢からでも１回でもできれば大丈夫です。

　二重跳び→前跳びがスムーズにできるようになったら，二重跳び連続２回の挑戦が充分にできる能力になっています。二重跳び→前跳び数回→二重跳びにもチャレンジしてみましょう。

大なわとびを跳ぶことができない

大なわ全体の動きを把握できているか

できていない背景｜入るのが怖くてなわを見るだけになっている
恐怖から体が動かずになわが当たり痛い思いをする悪循環

POINT

入るコース，抜けるコース・ジャンプする場所を明確にする

❶ 8の字跳びのルートを確定する

　最初は，なわは使わずに，パイロンを4箇所置き①から②へ斜めに移動する。移動したら③へ移り④へ斜め移動をする。まずは走るコースを把握することでこれから行うコースをしっかりと確定します。

❷ 斜めに走る中央にケンステップを置く

　中央にケンステップを置いたら，今度はケンステップで「気をつけ」で1回止まる練習をしましょう。どこで跳び，どこへ抜けるのかをここで確認します。焦る必要はなくゆっくりで大丈夫です。続いて，ケンステップで両足ジャンプをして同様の動きを繰り返し行います。

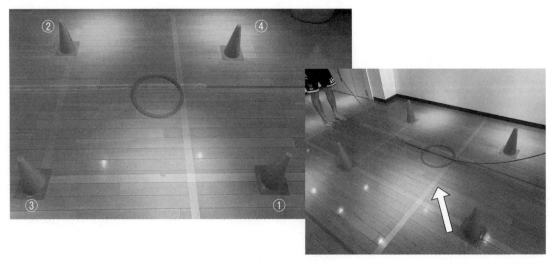

CHECK&POINT

□大なわ全体の動きを把握できているか

　入るコース，抜けるコース・ジャンプする場所を明確にする

□入るタイミングはあっているか

　動きをナンバリングしてタイミングを明確にする

CHECK

入るタイミングはあっているか

できていない背景 | 恐怖心で素早く中に入ることができない
| 何をすれば良いかが分からないパニックの状態

POINT

動きをナンバリングしてタイミングを明確にする

❶　なわに入るタイミングを教える

　タイミングを教えるためになわを回して地面になわが当たる音のタイミングで5カウントを数えます。

　1，2は心の準備です。3のタイミングで入り，ケンステップで気をつけをしましょう。先生が肩を叩いてリズムを教えてあげても大丈夫です。まずは跳ぶことはせずに中に入り中央に行くことを練習します。慣れてきたら，今度は4のタイミングでジャンプをして，5で反対のパイロンをタッチできるようにします。まだ恐怖心が強い場合は，なわなしで5カウントの練習をしてから実際に跳ぶ練習に入っても大丈夫です。

　跳べない多くの子は速く動いているなわを目で追っています。目で追うことが精一杯で中に入るタイミングが分からないのです。よくある指導で「はいここ！」と背中を押してなわに入れる指導がありますが，本人は怖がって押し返してしまい結果顔に当たり失敗体験になってしまった指導を多く見てきました。どうすれば本人が入れるようになるかを考えた時に，曖昧な表現じゃなく入るリズムを考えて，ナンバリングによるどこで何をどうやるのか？　を明確にしたところ，子どもたちが動けるようになってきたので，有効性を感じることができました。

授業の最初は
まず動くことから！

　授業の最初は皆さん何をやるでしょうか？　授業の説明からでしょうか？　準備体操からでしょうか？「先生の話をちゃんと聞きなさい！」「ちゃんと準備体操をしなさい！」といった注意から入ったりはしていませんか。

　子どもたちにとって学校の授業で一番楽しい科目は「体育」というアンケート結果もあります。つまり授業に出てくるときは「ヤッター！　体育だーやるぞー」という気持ちで出てきます。その気持ちなのに，まず話を聞くこと……からはじめたらどうでしょうか。動くぞ！　と出てきたのにじっと話を聞かなくてはいけない。この状態がまず難しいのです。

　重要なのは「興奮」させることです。授業の開始はいきなり身体を動かします。そうすることで心拍数をあげて「ハァハァ」と呼吸が荒い状態をつくります。一通り動き終わった後に説明を入れると，ハァハァの状態から身体は心拍数を落として，平常時の状態へと移行しようとします。この時が一番じっと話を聞く状態をつくることができるのです。

　はじめの準備体操ですが，これを正しくできている小学生はほとんどいません。例えば伸脚ですが，膝に手を置いて膝を押しながら脚の裏を伸ばすわけですが，膝が曲がっている子も多いです。さらに深い伸脚も下半身の力が必要になり，まともに伸ばせるようになるのは高学年にならないと難しいです。これは科学的にも証明をされていますが，怪我の防止になるのは体操よりも動いて身体を温めて筋肉をほぐすことです。そのことにより関節可動域が広がり怪我を防止できるようになります。さらに低学年であれば45分という授業の中で体操の時間に10分ほど取り，実質動く時間も減ってしまいます。

　代表される屈伸や伸脚などのあまり動かない体操（静的）よりも身体を動かしながら行う（動的）な体操を行うことで心拍数もあがり，身体を温めることができます。単元種目の動作を準備運動に取り入れることで単元種目の完成にも近づけることができるようになっていきます。

　さらに新体力テストの内容を入れておいても良いと思います。上体起こし等の筋力系は数をこなせばこなす程成績はあがります。新体力テストの成績があがることは運動能力が向上した成長にもあたるので，年間を通して行うものを決めておいても良いかもしれません。私の教室では上体起こし・足上げ腹筋・ブリッジ・ブリッジ片足は必ず授業で組み込んでいますので，どんなに運動が苦手な子でも１年やり続けると全員ができるようになっています。準備体操を積み重ねるよりも代わりにできることがたくさんあるはずです。必ずやらなくてはいけないではなく，なにができるかを考えていくことも必要と思います。

体つくり運動

器械運動

陸上運動

水泳運動

ボール運動

表現運動

第2章

器械運動

前転ができない／前転から立ち上がることができない／後転時に足を持ち上げることができない／開脚前後転で脚を広げることができない／倒立で自分の身体を支えることができない／倒立で足を上げることができない／側転ができない／踏切動作がうまくできない／着手からの体重移動がうまくできない／ロイター板でうまく跳ぶことができない／鉄棒に乗ることができない／ツバメの体勢を維持できない／前回りができない／逆上がりができない

前転ができない

CHECK

手のひらは全部床につき，腕はまっすぐに伸ばせているか

できていない背景 | 手のひらが全部ついていない
腕全体で身体を支えることができていない

POINT

クマ歩きで支持力，前転動作を身につける

❶ 手の支持力，前転動作を獲得する

　動物歩きのクマ歩きを行います。クマ歩きは前転の導入動作の練習になります。両手で体を支える・手で支持をしながらお尻を高くあげる。といった前転の要素が入っています。

　クマ歩きの注意点として，つま先を前に向けること，手のひらを全部床につけることがあります。スタート前にクマ歩きのポーズを取りましょう。ポーズは最初にチェックをします。「手のひらは全部ついていますか？」「つま先は前に向いていますか？」できていたらスタートです。やりながらもできている人にフォーカスして褒めていきます。「〇〇くん，手のひら全部つけられている！」修正ができた子をさらにフォーカスして「〇〇くん話を聞いて直すことができた！」と修正できたことを褒めることで定着率があがります。

お尻は高く上げる

つま先は前に向ける

手のひらを全部つける

CHECK

背中は回りやすいよう丸くなっているか

できていない背景 | 回転感覚不足
着手位置が足から遠く，背中が伸びてしまう

POINT

「ゆりかご」で背中の湾曲をつくる

❶ 背中の湾曲を意識させる

回転系の技を行う時は身体全体を丸めて「球体」になるイメージが必要です。そのためには背中の湾曲を生み出せるように練習をしましょう。マットに体操座りをして，目線はおへそを見ます。おへそを見ることで背中が丸くなり，湾曲をつくることができます。そのまま後ろに転がり体操座りに戻ってくる「ゆりかご」を行いましょう。

❷ 着手位置と身体の最初につける部分を指示する

前転を行う際の手をつける位置を確認します。着手位置は足に近い位置につくことで背中の湾曲をつくりやすくします。着手が遠いと手と足の位置が離れ，背中が伸びてしまいます。続いて手の次にマットに身体が触れる位置を指示をしましょう。頭の後ろに触れて，最初につく位置が後頭部であることを教えましょう。着手を足の近くにする，後頭部を床につける，この2点で自然と前に回ることができます。「手をつく時は足の近くにつきます」そう声をかけてあげましょう。後頭部を床につけるには，子どもの後ろに先生がつき，最初は足を少し開いて，膝を伸ばしてお尻の位置を高くすることで，足の間から後ろの先生をのぞけるようにすることで，頭を中に入れることができるようになります。幼児期からできる子も多い前転ですが，頭頂部をつく前転は首を痛める可能性があるため，正しく教えることが必要です。

マット運動

2 前転から立ち上がることができない

CHECK

足が伸びてしまっていないか

できていない背景 | 腹筋がうまく使えず回転後に足が伸びてしまう

POINT

身体を起き上がらせる腹筋の意識をつくる

❶ 上体起こしで腹筋を使う

　前転の起き上がりの部分は腹筋を使い，膝が胸についた状態をキープするのですが，回転中に腹筋の意識が抜けてしまい，膝が離れてしまい，脚が伸びるので起き上がることができなくなってしまいます。そのため，上体起こしを行いお腹に力を入れる意識を高めましょう。中には起き上がれない子もいますので，補助を使い腹筋を収縮させる感覚を高めます。

NG 例

OK 例

踵をお尻に近づけて立ち上がる
手は前に出すと起き上がりやすい

CHECK

体は起き上がりやすいよう丸くなっているか

できていない背景｜腹筋の意識不足

｜回転時に球体イメージが崩れている

POINT

踵はお尻に，回ったら体育座りで段階を踏んで指導する

❶　足の位置を確認する

　前項のとおり回転は身体を球体にするイメージが必要になります。立ち上がり直前まで球体をイメージしますが，前述のとおり回転中に足が伸びてしまいがちのため，ゆりかごから立ち上がりを行います。立ち上がる時のポイントは「踵をお尻に近づける」です。踵がお尻から遠くに行くほど，球体が崩れてしまいます。

❷　前転とつなげる

　ゆりかごから立ち上がる動作を充分に行い，立ち上がれるようになることを確認します。

　あとは前転と合わせます。前転で回った直後にゆりかごで立ち上がる動作と同じことをやるように指示を出しましょう。最初はゆっくりでも大丈夫です。立つことができなくても，「回ったらすぐ体操座り」で立ち上がる１個前の意識付けを行ってから立ち上がるでも大丈夫です。

　前転は回ることができればとりあえず合格となってしまいますが，最後立ち上がるまでが「前転」となりますので，立ち上がりまでしっかりと指導をできるようにしましょう。年齢による筋力の増加で勝手にできるようになる子もいますが，できない子にも正しく指導をしてあげて，マット運動の苦手を取り除けるように指導をしていきましょう。

③ 後転時に足を持ち上げることができない

CHECK

体は緊張で固くなっていないか

できていない背景 | 背中の湾曲がつくれていない
力が入りすぎている

POINT

背中の湾曲と足上げ意識を高める

❶ ゆりかご＋首倒立で事前準備を行う

後転は苦手意識が強い子が多い種目です。できない原因の一つは恐怖心で球体が崩れてしまうからです。まずは球体をイメージさせるためにゆりかごを行いますが，さらに球体に近づけるように「首倒立」を行いましょう。あごをしっかりと引くことで脚を高くあげることができ，後転時に回転力を出すことができます。

顎を引いて首に力を抜くと体がまっすぐになる

脚を高くあげる

❷ 足上げ腹筋でさらにイメージを増やす

マットに寝転がり，マットの端を握ります。伸ばした足を頭の後ろの床まで一気にあげてつま先で床タッチをします。あごを引かないとつま先が床をタッチすることができません。また余分な力を抜かないと柔軟性も出ないので，できなくなります。元々の柔軟性の問題もありますので無理やり行う必要はありません。足をあげるイメージづくりとして行いましょう。

CHECK

足上げの勢いは足りているか

できていない背景 | 背中の湾曲がつくれずに，背中がベタっとついてしまう
腹筋の瞬発力と柔軟性が足らず，足が後ろまで届かない

POINT

環境整備で勢いをつけやすくする

❶　お尻を遠くについて加速する

　ゆっくり行うと，完璧に身体の使い方が出ていないと完成が難しいです。体操はある程度の「勢い」を出した方が簡単になります。まずは成功イメージをつくってもらい後転に余裕がもてるようにしましょう。マットの端にお尻をあげて座ります。その状態から足を伸ばして，お尻をつきます。座布団やケンステップなど目標があると分かりやすいです。遠くについたお尻からそのまま後ろに倒れて勢いを出します。

足を伸ばして〇（ケンステップ）に
お尻をつくように！

❷　恐怖心を和らげる

　どうしても後ろに倒れる恐怖心が強く最初はなかなかうまくいかない後転ですが，まずはゆりかごなどで後ろに倒れる恐怖心をしっかりと取り除きます。特に後転の最初は「勢い」が大事になってきます。体操競技の多くはゆっくりと行うと「筋力」「柔軟性」「バランス」等の能力が問われますが勢いをつけることである程度「ごまかす」ことが可能です。悪い意味の「ごまかす」ではなく，まずは「勢い」で技の完成を目指して，できる自信をつけてからより高度の技をやるために体つくりの重要性を説いていくようにしていきたいです。

④ 開脚前後転で脚を広げることができない

CHECK

脚を広げるタイミングはあっているか

できていない背景 | 回転のはじめで脚を開いてしまう
脚を広げるタイミングが分からない

POINT

脚を広げるタイミングを指導してきれいな開脚を目指す

❶ 最初は開脚姿勢からできるようにする

　脚を広げるタイミングを指導します。脚を広げるタイミングは膝を伸ばして回転し「踵が地面につく直前」です。回転時に開く子が多いですが，脚を開くことによって回転の勢いが消えてしまい，回ることができません。あくまで前転を行って最後の最後に足を開くだけです。最初は起き上がらずに回転して柔軟の開脚姿勢に変化できるようにしてみましょう。

❷ 開脚後転にも同時にチャレンジしてみる

　開脚前転よりも開脚後転の方が簡単です。「脚が地面につく直前に大きく広げる」です。既に後転ができていれば起き上がる動作はできているので，脚を広げることに意識すれば開脚前転よりも早くできますので，開脚の意識をつけるためにも開脚後転から導入しても大丈夫です。もし回転に意識が行ってしまい，なかなか開脚ができない場合には一つ一つの動作を習得していきましょう。ゆりかご→長座姿勢，ゆりかご→長座姿勢→開脚姿勢，ゆりかご→長座（着地直前）→開脚姿勢というに段階を踏んでいけばできるようになります。

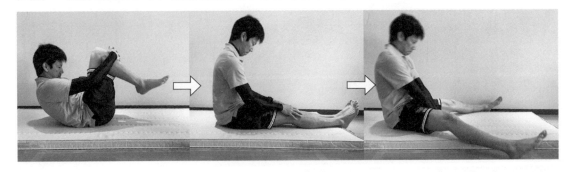

CHECK

床をしっかりと押すことはできているか

できていない背景 | 床を手で押すことができない
両手を足の間に置かずに身体の後ろに置いてしまう

POINT

つま先・手の位置に注意し動作を練習する

❶ つま先を伸ばし，回転の勢いを使う

　脚をしっかりと広げられていれば，あとは両手で地面を押すだけです。この時のポイントとしてはつま先を伸ばすことに注意しましょう。踵から落としてしまうと痛いうえに，回転にブレーキをかけてしまいます。つま先を伸ばして回転の勢いを消さないようにすると立ちやすくなります。

❷ 床を押す動作を入れる

　起き上がる際には開脚した足の間に両手を置き，地面を押して立ち上がらなければいけません。まずは開脚の状態から，手を置いて手で押してお尻を浮かせる練習をしましょう。この動きは最終的に跳び箱の動作にもつながってきます。

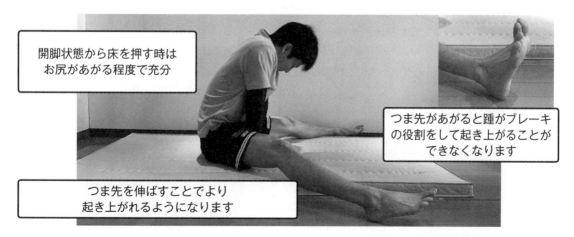

開脚状態から床を押す時は
お尻があがる程度で充分

つま先があがると踵がブレーキ
の役割をして起き上がることが
できなくなります

つま先を伸ばすことでより
起き上がれるようになります

倒立で自分の身体を支えることができない

腕の筋肉で体を支えていないか

できていない背景 | ひじが曲がってしまう
目線の位置が悪く力が入らない

POINT

筋肉ではなく骨で支えることを意識させる

❶ 様々な動きで腕に刺激を与える

　腕で身体を支える動きを行います。クマ歩き・ウサギ（カエル）ジャンプ・手押し車等まずは身体の支持をすることに慣れるということが大切です。様々な動きで腕に刺激を与えていきます。

❷ ひじをまっすぐに伸ばすことを意識させる

　全体重を腕で支えるには筋肉で支えるのではなく，骨で支えます。そのためにはひじが伸びていることが重要です。ひじが少しでも曲がると筋肉で支えることになるので，ひじを伸ばして骨を一直線にすることで筋肉ではない骨で支えるようにします。壁に手をついてひじを伸ばし，背中を押して潰れないように抵抗させて体重以上の力が掛かっても腕で支持できることを体感しましょう。

手押し車

ウサギジャンプ

CHECK

目線は定まっているか

できていない背景 | あごが下がり目線が下がり背中が湾曲して崩れてしまう
あごを上げて反らずに恐怖心で体を丸めてしまう

POINT

目線を手の間において倒立姿勢をつくる

❶　カエルの足打ちに取り組む

　両手を肩幅大に広げて腕で支持をしながらジャンプをするカエルの足打ちを行います。この際に重要なのが目線です。必ず手と手の間を見るようにしましょう。ジャンプをした際にあごを引いて目線が中に入るとそのまま前に転がる前転になってしまいます。行う際の注意点は「ひじを伸ばす」「手と手の間を見続ける」です。

❷　壁上り倒立に取り組む

　カエルの足打ちも最初は難しい場合は壁上り倒立を行います。壁に背を向けて，両手を地面につき，足で壁を登ります。注意点はカエルの足打ちと一緒で「ひじを伸ばす」「手と手の間を見る」です。最初ははじめて腕に全体重が掛かることにビックリしてできないこともありますが，導入動作や注意点を繰り返し入れて反復することで確実に成果が出ます。評価はできる・できないではなく，

> 「ひじを伸ばせているか？」
> 「手と手の間を見れているか？」

だけを評価し，「ひじは伸ばせているからできてるよ！」等とポジティブな声がけを心がけましょう。

マット運動

❻ 倒立で足を上げることができない

CHECK

背中は曲がっていないか

できていない背景 | 踏み込み脚が小さい
あげる際に膝が曲がっている

POINT

脚を大きく広げ，着手は遠くを意識する

❶ ウサギジャンプ→恐竜歩きと段階的に取り組ませる

　ウサギジャンプを行います。慣れてきたら続いて恐竜歩きを行います。手は遠くにつけて，片足を高くあげる練習をします。着手の位置が近いと背中が丸くなってしまうので，肩が前に出て支えるのが難しくなります。遠くに着手することで背中が伸びますので，足があげやすくなります。

❷ 補助付きで倒立の感覚を体験させる

　脚を大きく開いて手を遠くにつけます。着手は前項で行った「ひじを伸ばす」「手と手の間を見る」を行いながら，補助で足をあげます。足首を持つと膝が曲がって腰が反ってしまうの

で，膝を持つようにしましょう。膝を補助することで膝が曲がるのを防ぎ，膝を押すことで背中が伸びやすくなります。

補助は膝をもってあげます
子どもには「手と手の間を見て肘は絶対曲げないように！」と指示しましょう

58

CHECK

逆さになることに恐怖心をもっていないか

できていない背景 | 恐怖心から小さくやろうとしてしまう
体を支える動作不足

POINT

動作を大きくして力を使わない足上げを習得する

❶ 段階的に倒立へ導く

前述の開脚からの着手状態から開脚をして手をバンザイからスタートします。バンザイから遠くに着手をして同じく膝を補助して倒立の形にします。補助の際は着手と同時に足をあげます。

❷ 倒立の完成へ導く

最終段階として「気をつけ」姿勢から開始し体操選手のポーズを取ります（バンザイ姿勢）。足を大きく一歩踏み出して，遠くに着手をし膝を補助して倒立の形へ導きます。脚を一歩踏み出すこと・遠くに着手することで充分な勢いがつきます。まだ逆さへの恐怖があるので補助をしっかりと入れて反復することで恐怖心を減らし，勢いよく足上げをできるようにしていきます。

倒立も非常に苦手意識が強い種目です。普段逆さになることが無いので，恐怖心が強くなります。最初はこちらがほぼ補助してあげることで少しずつ負荷を増やして自信をつけていくことが重要です。特に高学年になると組体操で補助倒立をするケースも多いので，確実に全員ができるようにしておきましょう。

側転ができない

手の出し方，全体の動きの流れは分かっているか

できていない背景 | どう着手して良いのか分からない

POINT

どちらの足を出すかで手の位置をしっかりと指導する

❶ まずは補助倒立を押さえる

側転の正式名称は「側方倒立回転」になります。まずは前項の補助倒立ができていないと，側転の完成が難しいので，まずは補助倒立をできるようにしておきましょう。

❷ 着手を明確にする

着手の向きを確定しておきます。着手は最初に出す足の左右で決めます。右足スタートの時は，右手→左手の順番で指先を外側に向けて着手。左足スタートの場合，左手→右手の順番で指先を外側に向けて着手になります。

倒立の入りと同じポーズから→足と手を大きく前について→足を大きく振り上げましょう

CHECK&POINT

□ 手の出し方，全体の動きの流れは分かっているか

　どちらの足を出すかで手の位置をしっかりと指導する

□ 腰は曲がっていないか

　大きく動けるよう脚の動き，着手，着地の一つ一つを意識させる

CHECK

腰は曲がっていないか

できていない背景 | 腕で支えられず腰が曲がる

POINT

大きく動けるよう脚の動き，着手，着地の一つ一つを意識させる

❶ 側転のコツをつかむ

側転は倒立の入りと一緒になります。脚を大きく前に出して着手は遠くにつけましょう。倒立と同様に近くに着手すると腰が曲がるので小さい側転と膝が曲がったまま側転になるので見栄えも良くないです。小さく行うと腰も膝も曲がりやすいので側転が終わった時に自分の身長の倍くらい移動するように目標を設定しましょう。低学年は体操マット1枚（約180㎝）高学年はマット2枚（約360㎝）を越えられるのを目標にすると，脚の一歩，着手，着地の足などを遠くに意識させることで大きな側転を目指しましょう。

側転は小学校体育のマット運動の分野では一番難しいと言える種目です。準備が必要になります。後転の時と同様に「勢い」が側転は大事になります。ゆっくり行うと足上げがゆっくりになってしまい，腕に加重が掛かり崩れてしまいます。できない自信の無さが動きを小さくして，より難しい技になってしまいます。大きく速く回ることで遠心力が働き，手の加重は少なくなり，膝も伸びやすくなります。できなくても大きく自信をもって行うことが，「できる」への近道になるので「できていない」ことを見るよりできている所を褒めてあげて，やる気を崩さないように指導しましょう。

8 踏切動作がうまくできない

脚は揃っているか

できていない背景 | 走る勢いに負けて脚がバラバラになる
片足ジャンプ→両足着地ができなくてケンケンになる

POINT

助走から片足ジャンプができるようにする

❶ 自然とできるように演出をする

　踏切指導をする際にケンからグーで両足踏切のイメージを伝えることがありますが，ケンの部分でケンケンと２回やってしまうなど，まだ動作が分からない子に対しては誤学習する可能性があります。マットを２枚離して用意し，走り幅跳びを行います。

❷ 距離を置くことで助走→片足ジャンプを意識させる

　助走を取り大きくマットへジャンプをします。直前で止まって両足ジャンプする子も出てくるでしょう。その場合は大股で届く程度の距離を離し，無理なく「跳び越える」感覚を身につけます。

　ある程度跳べるようになってきたら，対岸にケンステップ等を置き今度は助走→片足ジャンプ→ケンステップ内に両足ストップを行います。ただ助走を速くするだけでなく，両足着地を意識しながらスピード・ジャンプの調整ができるように練習をします。

最初は片足ジャンプから片足着地
慣れて余裕が出てきたら
片足ジャンプでケンステップに
両足着地にしてみよう

CHECK&POINT

□脚は揃っているか
　助走から片足ジャンプができるようにする
□踏み込み動作前に余裕はあるか
　できない練習よりも楽しくできる練習で余裕を生み出す

CHECK

踏み込み動作前に余裕はあるか

できていない背景 | ジャンプへの意識が強く体をうまく動かせない

POINT

できない練習よりも楽しくできる練習で余裕を生み出す

❶　間隔を狭くして跳び箱の踏切に近づける

　前のページの練習を繰り返す中で，徐々に間隔を狭くし，跳び箱の踏切に近づけます。間隔が広いと全力でやらないといけなかったのが，間隔を狭くすることで余裕が出てきます。遠くにジャンプすることで全力を出すことを学び，狭くすることで力の制御を学びます。両足ストップした時の姿勢を評価してあげます。膝でしっかりと勢いを吸収してピタッと動かないで止まることができることを評価しましょう。

❷　最終的にはケンステップのみでチャレンジする

　最終的に跳び箱前にケンステップを置き，練習していたようにケンステップで両足をストップできるように練習をします。この片足ジャンプから両足を揃えてストップができないと，跨ぐように跳び箱を跳ぼうとする子が出てきます。片足で跳ぼうとすると，自分の手にぶつかり，腕の負傷や引っ掛かり顔から落ちるなどの怪我の原因にもなりますので，正しい踏切を習得してから跳び箱運動につなげていきたいです。

62ページで練習した
ケンステップに両足着地で
踏み切る

跳び箱

⑨ 着手からの体重移動がうまくできない

CHECK

自重を支えるのに十分な腕の力はあるか

できていない背景｜体重移動の感覚が未修得

POINT

代替え運動で体重移動の感覚をつけていく

❶ 腕を支点とした体重移動を他の運動でも習得する

腕を支点とした体重移動は他の運動でも習得することが可能ですので，代替え運動でまずは慣れていくことをお勧めします。

○鉄棒のつばめをキープ

しっかりと腕を伸ばし鉄棒を押します。垂直よりもやや前に倒れる方がキープをしやすいです。前に倒れている時が体重移動をできている状態です。

○開脚前転　開脚前転のページを参照。

○カエルジャンプ

手よりも前に足を出してジャンプすることで跳び箱と同じ動作になります。

❷ 平均台を使って跳び箱風にする

平均台の下にケンステップを右のように置きます。ケンステップに両足を置き，着手をして次のケンステップにジャンプをします。最初の間隔は狭く設定して少しずつ広くして行きましょう。最終的に跳び箱の広さまでケンステップの間隔を広げて視覚的にも跳ぶことができることを実感します。

CHECK

反復練習を嫌がっていないか

できていない背景 | 肩が着手よりも前に出ることへの感覚不足と恐怖心
失敗体験から反復することが苦痛になっている

POINT

できない反復に対する抵抗を少しでも減らす活動を取り入れる

❶ 跳べなかったシーンからの練習を徹底する

　実際に跳び箱でお尻がつくとそのまま横や前に降りて終わりにしてしまいますが，一度手をあげてもう一度着手をします。着手と同時に手で押して前に降ります。まだ前に降りられない場合は着手からお尻があがるだけでも大丈夫です。最初は足が地面につく段数からはじめると良いでしょう。失敗し，お尻が乗った状態でも手で降りること

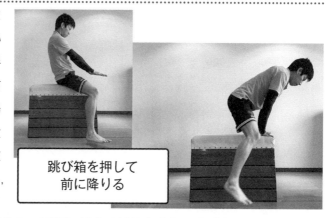

跳び箱を押して
前に降りる

ができたら「褒める」を繰り返し，できない反復に対する抵抗を少しでも減らしてあげます。

❷ オール「パー」で抵抗感を和らげる

　難しい場合は跳び箱の1段だけを使用してマットとマットで挟みましょう。踏み切る位置にパーの状態のケンステップ。着地のマットに同じくパーの状態のケンステップを置きます。まずは体重移動を獲得するため踏切も「パー」跳ぶ際にそのままで「パー」着地も「パー」，のオール「パー」で統一することで余計なことを考えずに跳ぶことも可能です。お尻はついても良いから対岸のケンステップに足を入れることに集中します。お尻も，足もついているので，その状態からしっかりと手で跳び箱を押してお尻をあげながら前に出る，という練習を繰り返し，最終的にお尻をつけずに最後のポーズができるように指導をしていくといいでしょう。

跳び箱

⑩ ロイター板でうまく跳ぶことができない

CHECK

体に余分な力が入っていないか

できていない背景 | ジャンプの使い分けができない
反発するものに対して反動をうまく使えない

POINT

膝で勢いを吸収せず，自分の体重をおもりに変える

❶ つま先ジャンプで反発するジャンプを身につける

　つま先ジャンプで反発するジャンプを身につけます。条件は「膝を伸ばして」「体は気をつけ」「頭のてっぺんが天井につくように」です。高く跳ぼうとすると膝が曲がり，あごをあげて後傾姿勢になってしまうので，あごを引いて気をつけ姿勢を意識します。どうしても競争意識が出て，速く前に行く子が出ますので，前に跳ぶことではなく高く跳ぶことを評価ポイントにしておきましょう。ジャンプというのは様々な種類があり，用途によって使い分けなくてはいけません。「前に大きく跳ぶ」「高く跳ぶ」などがありますが，子どもにとって高く跳ぶというのは，地面と身体の位置が大きく出せているかになっていますので，苦手な子の多くは「膝を曲げて踵をお尻につける」ジャンプをします。これは子どもの中で脚を曲げればその分，地面との距離が出るので跳べた気になる跳び方です。しかし，頭の位置はあまり変わっておらず結果「疲れる」「跳べない」といった状況に陥ります。それぞれの用途に合わせた跳び方を教えることで「何回やってもできない」という状況を少しでも変えられるように同じジャンプでも使い分けの指導ができることが重要です。

膝はあまり曲げず，
頭のてっぺんが
天井に届く意識で！

CHECK

ロイター板の勢いをうまく活かせているか

できていない背景 | ジャンプ中に膝を曲げてしまう
下に踏みつけるジャンプになっている

POINT

「手で押す」「目線は手と手の間」「膝は伸ばす」「お尻は高く」

❶ お尻をあげで高く跳ぶ練習をする

　跳び箱とロイター板を用意します。ロイター板の上に乗り跳び箱に着手します。そのままお尻だけを高くあげる練習をします。1回だけでなく10回くらい連続で行い，ロイター板の反発力を感じましょう。ポイントはとにかくお尻を高くあげることです。高く跳ぼうとしてジャンプの際に膝を曲げて踵をお尻につける子もいると思いますが，必ず足は伸ばすことを意識させます。さらに高く跳ぶためには手でしっかりと跳び箱を押す必要がありますので「手で押す」「目線は手と手の間」「膝は伸ばす」「お尻は高く」で行いましょう。

❷ お尻を高くあげて跳び箱運動の完成へ導く

　小学校体育の跳び箱ではとにかくお尻をあげて跳ぶことで高段数も跳ぶことができるようになっていきます。ただ低い段数でロイター板を使うとあがりすぎて前のめりに落ちる怪我の原因になるので，力の制御ができないうちはロイター板の反発力ではなく，ロイター板無しで地面の反発力を利用して跳ぶことをお勧めします。ロイター板は高段数を跳ぶための補助なので，まずは地面でしっかりと反発し，跳べるように練習をしましょう。

11 # 鉄棒に乗ることができない

CHECK

ひじは伸ばして体を支えられているか

できていない背景 │ ジャンプの勢いに合わせてひじが伸ばせない

POINT

ジャンプとひじを伸ばす連動動作の習得

❶ 思いきったジャンプをできるようにする

ジャンプをし，その勢いでひじを伸ばして体を持ちあげる。この意識をつくることが大切です。ただ鉄棒だと「前に倒れてしまうのでないか？」という恐れから，思い切ったジャンプをせずになかなかできない状況に陥ることもしばしばです。こちらも代替え運動（→64ページ）でジャンプからのひじ伸ばしのイメージをつかんでいきましょう。

❷ 跳び箱でイメージをつかむ

今回の跳び箱では跳び越えることが目標ではなく上に乗ることを目標にしています。前項で踏切を行っていますので，踏切をしたら両手を跳び箱につき，ひじを伸ばして片足を乗せて跳び箱の上に立ちます。できない子の多くはひじを伸ばすことができずに跳び箱に抱き着く形になります。最初は低い段数でひじを伸ばして足を浮かせるだけでも大丈夫です。少しずつ高くしていき，ジャンプからひじ伸ばしをできるように挑戦してみましょう。

❸ 鉄棒で行ってみる

実際の鉄棒を行ってチャレンジします。まだ難しい子は補助で成功イメージをつかみます。鉄棒の下に指導者が長座で座り，膝の上に子どもを乗せます。膝を曲げて高さをつくりジャンプをせずともひじを伸ばせば乗れるように補助をします。ジャンプがカットされていますので，ひじを伸ばすことに集中できるはずです。

CHECK&POINT

□ひじは伸ばして体を支えられているか

　ジャンプとひじを伸ばす連動動作の習得

□乗り上げる勢いは十分か

　ジャンプの勢いを使って力ではなく勢いであがる

CHECK

乗り上げる勢いは十分か

できていない背景 | 一瞬の力が出せない（瞬発力）
お腹で乗ろうとしてしまっている

POINT

ジャンプの勢いを使って力ではなく勢いであがる

❶　腕伸ばし＋勢いをつける

　腕支持の練習同様に，鉄棒の下に指導者が長座で座り，膝の上に子どもを乗せ，補助をします。腕を十分に伸ばせるようになってきたら膝の位置を下げて，膝を曲げて高さが出たタイミングでひじを曲げてもらいます。勢い＋ひじ伸ばしを疑似体験してもらい少しずつジャンプに切り替えていきます。ジャンプからのひじ伸ばしは瞬発系の力を要します。普段から瞬間的な力を出してきている子，ボールを強く投げる・強く蹴る・スタートダッシュをする等の子であればすぐにできるようになると思います。しかし，普段から運動が苦手で一瞬の力を出していない子は瞬間的な力を出すことに慣れていないので，なかなかできない状況になるでしょう。そういった子どもでも一番大切なのは成功体験なのです。失敗が続けば余計に力が出なくなります。しかし，補助が9割でも1割自分の力でできたらそれは成功の一つです。小さな成功体験が自信を与えてもっと勢いよく！　という意識を芽生えさせてくれます。

❷　スモールステップで取り組ませる

　腰の位置ぐらい低い鉄棒もしくは台などを置いて低い鉄棒をつくります。難しい場合は指導者が鉄棒の下で長座姿勢になり膝の上に乗せて，膝を曲げることで台の代わりになります。まずはひじの曲げ伸ばしでツバメの完成形をつくり，次はちょっとのジャンプ＋ひじの曲げ伸ばしでツバメの練習をします。少しずつ高さをつけることでできる感覚からはじめていきましょう。

ツバメの体勢を維持できない

CHECK

ひじで体を支えられているか

できていない背景 │ ひじが伸びずに曲がっている

POINT

支持感覚を身につけて自重を支えられるようにする

❶ 倒立同様に腕支持の動きを身につける

腕による身体の指示になりますので，前項の逆立ちでも行った腕による体の支持の動きを入れていくようにします。クマ歩き・手押し車・アザラシなどが良いでしょう。

❷ 低い鉄棒を使い斜めで止まれるようにする

腰の高さに鉄棒を調整します。室内であればマットを重ね，屋外であればポートボール台等を使って調整します。鉄棒にジャンプして乗る際に真上にジャンプをする可能性もあります。あごや胸をぶつける子もいますので，できる限り低い鉄棒からはじめるといいでしょう。

足を地面につけ，鉄棒を押してツバメのポーズを取ります。その際に必ず顔を前に出し，身体が斜めになることで体をキープできるようにします。

できない子の多くはひじが曲がっています。前項のとおり筋力でキープすることになるのですが，腕の力が足りず落ちてきます。そうするとお腹で支えることになり，痛くなってしまいツバメをキープすることができません。もう一点は直立のパターンです。鉄棒に乗る時もそうですが，鉄棒に近づきすぎてしまい，上にしかジャンプできずに後ろに倒れることも多いです。体を鉄棒から少し離して鉄棒に向かっていくようにジャンプをしてひじが伸ばせればしっかりとツバメをキープすることができます。

CHECK

一人でバランスをとることができているか

できていない背景 ｜ 体が直立してしまい後ろに落ちてしまう

POINT

身体を斜めにキープする

❶ さらにハイレベルにチャレンジする

　鉄棒にしっかりとひじを伸ばしてツバメのポーズが取れたら，両手を離して腰骨の部分だけで支えるポーズも行ってみましょう。体幹とバランス能力が高くないとできません。

　ツバメを維持するためには顔が前に出て身体が斜めにならないといけません。両手を離す場合はより前に出て身体をまっすぐにする体幹も必要になってきます。最初は手の力を緩めて後ろに落ちることが多いので，身体を倒して手を緩めて確認しながら，どこでバランスが取れるのかを探ってみましょう。

肘を伸ばさないとお腹を鉄棒について回り，痛くなってしまいます
恐怖には慣れることができますが，痛みは慣れることができないので，痛くないように指導をしましょう

鉄棒

⑬ 前回りができない

CHECK

回ることに抵抗を感じていないか

できていない背景 | ひじが伸ばせずにお腹で乗った状態で回り痛くてできない
高さがあり恐怖心で回ることができない

POINT

ひじ伸ばしの徹底と回転感覚に慣れる

❶ ひじを伸ばしてのツバメから行う

　前項のとおりまずはひじを伸ばすことが前回りには必要です。しっかりとひじを伸ばして鉄棒を腰の位置にすることで回ることへの抵抗感をなくします。

❷ 高さ感覚と未知の感覚への恐怖心を克服する

　ひじを伸ばすことで頭の位置が高くなります。高い位置から一気に下に落下するので，子どもは今までに体験をしたことがない未知の感覚に恐怖して，ひじが曲がり頭の位置を極力下げようとして「痛い・怖い」が先行するので，回れなくなってしまいます。如何にその恐怖心に対して寄り添うことができるかが重要です。

　ツバメの状態から頭や胸をサポートして，身体をすこしずつさげます。もし無理な場合は「もう無理」と言ってもらいます。無理なラインまで繰り返し，少しずつさげていき最終的に頭が下にいくまで行います。

　鉄棒の前回りはツバメさえできていれば，できない原因は精神的な問題が多くを占めています。一度でも前に回ることを体験して予測ができれば恐怖心は和らいでいきますが，はじめの一回を失敗でスタートしてしまうと，苦手意識が強くなってしまうので，如何にその恐怖心を理解して寄り添うことができるかが最終的に「できる」につながっていきます。特に恐怖心は何回も行うことで自信がつき軽減していきますが，痛いやり方を何度やっても痛みに慣れることはありません。気合いや根性論でできるようになる子もいるかと思いますが，失敗した時は一生の苦手意識を植え付ける可能性があることを忘れずに最初の一回を成功させていきたいです。

CHECK

回ることに恐怖を感じていないか

できていない背景｜恐怖心が強く頭の位置を下げてお腹が痛くなってしまう
　　　　　　　　｜体験したことがないので怖い

POINT

回転感覚不足による恐怖心を克服する

❶　フルサポート前回りをする

　恐怖心が強くなかなかできない子に関しては恐怖心を極限まで減らして，こちらで回ることの感覚だけ与えてあげます。まずは指導者が鉄棒の下に長座で座り，膝の上に子どもを乗せます。膝を曲げて高さをだして脚が宙に浮いてない状態でツバメの姿勢をつくりお辞儀をします。指導者は子どもの肩を持ち，全体重を支えながらゆっくり前に倒して，肩から腰に補助を変えて脚が床につくまで補助をして回していきます。これを繰り返し行いできる範囲を積み重ね，自信を積み重ねていきます。

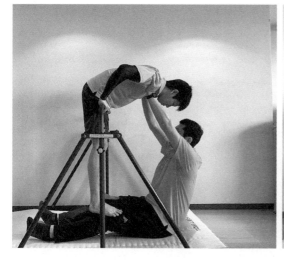
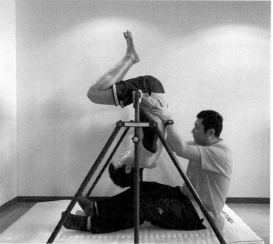

14 逆上がりができない

CHECK

ぶら下がる，回る感覚は十分か

できていない背景 | 足をあげることに集中しすぎて頭がさげられない
ひじを曲げていることができずに足を高くあげられない

POINT

ひじを曲げた状態で体を一瞬でもキープする筋意識をつける

❶ うんてい・のぼり棒でぶらさがる感覚を身につける

　逆上がりは身体の動かし方ができていれば筋力をあまり使わずに回ることが可能です。しかしいきなり身体を全部使えるわけではないので最低限の筋力や筋意識をつけておきます。特にひじを曲げた状態でキープすることは筋力よりも我慢強さなどの気持ちに起因する面もあります。うんていやのぼり棒等でぶらさがる感覚はつけておきたいです。

❷ 最後の位置を教えておく

　前回りの途中で止まる「布団干し」の状態から足をあげます。そうすることで，逆上がりで最終的にどこまで脚があがればできるのかを理解することが可能です。さらに足をキープしておくことで必要な筋力や逆さをキープする感覚が必要となります。さらに頭の位置も注目しておきたいです。つむじに当たる部分が床に向いていることが足をあげることに必要なことが分かります。

足を伸ばすことで腕の力や腹筋を使って体を保つ必要が出てきますこの練習によって逆上がりに必要な筋力と感覚を養います

□ぶら下がる，回る感覚は十分か

ひじを曲げた状態で体を一瞬でもキープする筋意識をつける

□無理な助走をつけていないか

正しい脚のあげる角度を教える

CHECK

無理な助走をつけていないか

できていない背景 | とにかく勢いよく足をあげたいと気持ちで焦ってしまう
踏み込む足と，振り上げる足の入れかえがうまくできない

POINT

正しい脚のあげる角度を教える

❶ 脚のあげる角度に注意する

　逆上がりで失敗する例として，助走をつけて行う子もいます。腹筋や腕の力が強い子はできますが，筋力不足の子は助走をつけると回ることができません。逆上がりは回転の動きになります。いわば円運動です。つま先を遠くに出して大きな円を描こうとすると，鉄棒という中心点から脚が遠くにいっていまい，力を使わないと回ることができません。一方で膝からあげていったらどうでしょうか。中心点から近い位置で回すことができ，描く円運動が膝になりますので，小さい円を描くことで力も少なくて済みます。

　とにかく大きな力を出さなきゃ！　という意識が余計に身体を無駄に使ってしまうので，算数の授業と絡めて鉄棒という中心点からつま先，膝は何 cm か図りその円周を求め，どっちの方が短い距離なのかを数字で見ることで理解させることもできます。

　小学校三大できないの内の一つでもある「逆上がり」はほとんどの子が苦戦します。特に高学年になると体重も増えてくるので，余計にできなくなる種目でもあります。なので，できる限り低学年時にできるようにすることをお勧めします。体重が軽いうちは筋力も使わなくて済み，何回も行うことで筋力ではなく身体の使い方で回れるようになっていきます。逆上がりも根気が必要な種目でもあるので，逆上がりの完成だけを見るのではなく途中過程の進捗度を褒めてやる気をなるべく低下させないようにしたいです。

二重跳びができれば ハヤブサもすぐできる

小学校のなわとびの種目の最高峰とも言える難易度と思われる技の一つが「ハヤブサ」です。二重跳びに交差を1回入れる技になります。しかし，既に二重跳びが非常に高いハードルなのでものすごく難しいのではないかと皆さん思っているかもしれません。私が小学校に指導に行くと，二重跳びができている子に対して「じゃあハヤブサやってみようか？」と聞くと「無理無理！」と言ってきます。相当小学生には高い難易度と思われていますが，「あや跳び・二重跳び」この二つができていればすぐにできるようになります。

> 準備❶いきなり二重跳びができるようにする
> 　いきなり二重跳びとは前跳びの予備動作を無しに，いきなり二重跳びを跳ぶことです。既に二重跳びができている子だったらすぐに跳べるようになりますので，練習をしてみましょう。
> 準備❷1回回してあや跳びの練習
> 　この本のあや跳びの項目のところでジャンプせずに「回してバッテン」で交差の練習を行いました。

この練習を発展させます。「1回跳ぶ→手をバッテン」の練習をします。バッテンは跳びませんので実質ジャンプは1回になります。なので前跳び＋交差なので，誰でもできると思いますね。ここまでできればもうあと少しです。1回跳んでからの手を交差するのをとにかく速く行います。この交差が速くできないとハヤブサにはつながらないので，素早くきれいに交差ができるように練習をしましょう。あとは❶のいきなり二重跳びのなわのスピードで❷を行うだけです。

この指導のポイントは高速で動く手の動きをゆっくり行うことにあります。

あまりにも速い動き（実際は速く見えるだけですが）のため，子どもたちは動きを理解しようとすることを諦めてしまって，あんなに難しいのは絶対無理！　となってしまうのです。

子どもの思い込みは強く，できる能力をもっている子すらも挑戦することを拒否してしまうのです。「これから教えることをやれば絶対にできるようになるよ！」と言って一人でもできるようになると，「できた！」という連鎖が起こります。難しいものでも簡単に教えられるようにして子どもたちの「できるようになりたい！」という意欲を育てていきたいですね。

第3章

陸上運動

体つくり運動

器械運動

陸上運動

水泳運動

ボール運動

表現運動

スピードを出すことができない／長距離を走ることができない／立ち幅跳び・走り幅跳び
で遠くへ跳ぶことができない／走り高跳びで高く跳ぶことができない

スピードを出すことができない

POINT

走る前のスタート時は基本「脱力」する

❶ 「よーい！」では力を入れないよう指示する

　「よーい！」と言われると，速く走りたいという気持ちが強く表れて力が入っている子がいます。力が入っていると筋肉が硬直しているので瞬発系の力を出せずにロボットのような動きになってしまいます。走る前のスタート時は基本「脱力」になります。「ドン！」の合図で全身に一気に力が入ることで一瞬の力を引き出すことができるので「よーい！」では力を抜くようにしましょう。

❷ 膝を曲げる

　スポーツにおいてとっさに動く必要のある時は必ず膝を曲げます。膝が伸びていると「ドン！」の合図で一瞬膝を曲げてから走り出すのが分かると思います。この一瞬の膝曲げ動作がまわりから遅れをとってしまうのです。

❸ 様々なリアクションダッシュで反応を鍛える

　ただの「ようい，ドン！」だけでなく様々な姿勢からのダッシュを行います。さらに距離は5m程です。種類として以下のものがあります。

(1)長座からスタート	(2)あぐらからスタート
(3)うつぶせ，仰向けからスタート	(4)クラウチングスタート

CHECK

走る際に十分に腕を振ることはできているか

できていない背景 | 力が入りすぎてしまう
脚を速く動かすことに集中しているあまり、腕の動きを気にできない

POINT

ひじは90度・手のひらに生卵を持ってるイメージで走る

❶ ひじはなぜ曲げるか？　を理解する

　腕振りは、肩を中心とした円運動です。ひじが伸びていると、中心点から遠い位置で動かすので、エネルギーが必要となります。そのためひじは90度に曲げたまま走るのが理想です。低学年は角度の概念がないので「小さくまえならえ」で対応しましょう。また走っている最中、腕を引く動作の際は視野から外れてしまうので意識が入らずに伸びてしまいます。最初は両手を一緒に動かして、その場で腕振りの動作練習をしましょう。

❷ 最初はゆっくり行う

　ランニングくらいのスピードでひじの意識を残したまま走って練習をしましょう。しっかりと曲げたままで走れるようになったら徐々にスピードをあげて、全力でもひじが曲がった状態で走れるようにしていきます。

　走る最中の手の握りは「やさしく握る」が正解です。少しでもイメージを持たせるために、手のひらに生卵を持ってるイメージで走りましょう。強く握ると割れてしまい、手を広げて走ると卵を落としてしまいます。代用品としてソフトテニスボールだと潰さない、落とさないで同じ感覚が味わえると思います。強く握ってしまうと、肩にまで力が入ってしまい、肩の関節可動域が狭くなり腕を大きく振ることができません。腕を振ることでそのエネルギーを下半身と連動させることによって、脚が速く動いてくれるようになります。

陸上運動

長距離を走ることができない

CHECK

長距離走自体を嫌がっていないか

できていない背景 │ わざわざ疲れることをしたくない
│ 楽しい印象がない

POINT

まずは「走る」ことに抵抗を無くす

❶ 長距離走を楽しいことと認識をする

　運動経験の多い子は勝ち負けに対する意識が高いので，疲れるよりも勝ちたい！　という意識が勝りますが，そもそも苦手な子たちはそこに楽しさが無いと走ることができません。特に長距離走は静かに黙々と走ることが一番とされていることがあるので，そこに楽しさがありません。

❷ まずは歩かないことからはじめる

　まずは「歩く」と「走る」の違いから説明をしていきます。

　歩くはどちらか片方の足が地面につきながら移動すること，走るは両方の足が地面からはなれれば走ることになります。だから必ずしもスピードを出すことが走るわけではありません。

　長距離走の最初の目標は「歩かず」に「走る」ことです。どんなにゆっくりでも構わないから必ず「走る」ということを子どもたちにもしっかりと伝えましょう。すると「速く長く走る」という評価基準から，「歩かずに走れた」という評価基準を設けることが可能です。

CHECK

すぐに走ることをやめてしまっていないか

できていない背景 ｜ とにかく楽しくない

POINT

会話できるスピードで軽く走ることからはじめる

❶　ワイワイと楽しく走る

　黙々と走るのが正義な長距離走ですが，一方鬼ごっこをやっているとどうでしょうか。夢中になって走り回っています。子どもたちは楽しいことは疲れを知らずに行いますが，楽しくないことは露骨に嫌がるものです。では黙々と走らなければ良いということです。まずは前述の歩かないということを目標として，しりとりをしながら走る，なぞなぞを出しあいながら走るというのも良いと思います。とにかく会話ができる程度のスピードで，長い距離を歩かないで走ることを目標にすることが，長距離の苦手意識の克服につながります。

　長距離走は子どもたちの中でも嫌いな種目にあげられます。ただ長く走るだけに喜びを見いだせる子は非常に少ないと思います。そうすると最初の入口をいかにライトにするかで興味は変わっていきます。長距離もたくさん走ることによって心肺機能が向上しスタミナもついていきますので，いきなり競争ではなく，まずは個々の目標を設定して達成し続けることで長距離の楽しさを味わいながら自分の成長に気づけるようにしていける指導が必要になります。

立ち幅跳び・走り幅跳びで
遠くへ跳ぶことができない

上半身と下半身の動きは連動しているか

できていない背景 | 手足の連動がうまくできていない
着地が取れない

POINT

手足の連動をできるようにする

❶ **上半身と下半身との連動を押さえる**

　ジャンプをする際には下半身だけでなく上半身との連動が必要です。しかしこの連動がうまく分からずにしっかりと跳ぶことができないことがあります。

　まずはしゃがんで手は後ろ，そこから立ち上がり「バンザイ」をします。ジャンプはいれずに「しゃがむ→バンザイ」につなげて連動を入れていきましょう。

❷ **短い距離で着地をできるようにする**

　最初は連動がまだうまくはできないので，短い距離を跳びます。ここでは遠くへ跳ぶことよりも連動ができることが重要です。さらに両足でしっかりと着地をするようにしましょう。そこから少しずつ遠くにしていきます。

　立ち幅跳びの場合，しっかりと両足着地ができないとお尻をつく，手を後ろにつくなど記録がさがってしまいますので，まずは両足着地を確実にできるようにしていきましょう。

しっかりしゃがんで，
しっかり伸びましょう！
「縮むと伸びる」を大きく
表現することで大きい力を
発揮することができます

CHECK&POINT

☐ 上半身と下半身の動きは連動しているか
　手足の連動をできるようにする
☐ 助走からの踏切はきれいな体勢でできているか
　走りながら跳べるようにする

CHECK

助走からの踏切はきれいな体勢でできているか

できていない背景 | 連動ができず遠くへ跳べない
膝から着地をするなど危険な動きをしてしまう

POINT

走りながら跳べるようにする

❶ 跳び箱の踏切の練習を利用する

　全力で走りながら跳ぶというのは動きがしっかりと理解できていないと跳べません。何ごとも全力で行うものの最初はゆっくり形から入っていくと動きに対しての理解が高まります。跳び箱の踏切の練習を利用していきます。マット間を片足でジャンプをし，しっかりと両足で着地をすることで徐々に幅を広げて調整をしていきます。

＊幅跳びで記録を出したい時

　子どもたちは自分の全力を出すことに慣れていません。そのため子どもたちが思う全力と大人が思う全力に差が生じるので，この子はやる気がないといった印象を受けてしまうこともあるでしょう。とにかく全力で！　というのは難しいものです。この場合は目標物を置くことで跳ぶ位置を明確にし，その子の最大を出してあげます。

　新体力テストでは昨年の距離＋αにロープなどでラインをつくっておきます。このロープを越えることができれば新記録。として１回目で超えられたら２回目はさらに＋αの距離にロープを置いて跳ばせてみましょう。

4 走り高跳びで高く跳ぶことができない

CHECK

基本的な動きはできているか

できていない背景 | 振り上げ足があげれない
跳ぶ位置が近い

POINT

振り上げ足を高くあげられるようにする

❶ 振り上げ足を歩きながら練習する

走り高跳びは最初に上げる「振り上げ足」をバーよりも高くあげることができれば，超えることは可能です。この「振り上げ足」を速く，高くあげる練習をします。

まずは歩きながら足を高くあげます。ただ高くだと個人差が出ますので，「おでこよりもつま先が高くあがる」と目標位置を明確にします。高くあげるためにはゆっくりだとあがらないので，なるべく素早くあげることがコツです。

❷ 抜き足はまずは跨ぐことから練習する

振り上げ足を高くあげることができたら，次はジャンプした方の足も越えなくてはいけません。この「抜き足」も高くあげるために，高さを膝くらいにしてバーに対して横向きに立ち，跨ぐ練習をします。

跨ぐことで最初に超える足と続く「抜き足」の感覚を掴み，徐々にあげ，股下くらいの高さで足をあげて少しジャンプをして越えられるようにしましょう。これが高跳びの動きになります。

振りあげる足があがらなければ跳ぶことはできません
まずは高く跳ぶことよりも大きく振りあげることを練習していきましょう

CHECK

助走からそのままバーにぶつかっていないか

できていない背景 | 振り上げ足が素早くあげられず高さが出ない

形が分からないから不安で勢いが出せない

POINT

助走はまっすぐ入らないようにする

❶ バーへの助走は約45度の位置からはじめる

走り高跳びの助走は正面からにしてしまうと振り上げる足がバーに当たってしまい，より高さを出すことができなくなります。バーへの助走は約45度の斜めから入るようにしましょう。抜き足で練習してバーに対して体が横向きになることで，しっかりと跨ぐことができるようになります。

さらに踏切位置ですが，どうしても跳びたいからとバーに近づいてしまいます。しかしバーに近づいてしまうと，自分のジャンプの最高到達点に達する前にバーに当たってしまいます。自分の最高到達点がバーの上になるようにやや離れた位置から跳ぶことが高跳びのコツになります。

＊助走は全力で走るのか？

走り幅跳びと違い，走り高跳びでは全力で助走は取りません。全力で助走を取ると前方向には勢いがついているので跳べますが，高跳びのように上方向に跳ぶことができないからです。進入時は全力の半分のスピードでも充分です。その代わり，跳ぶ直前に一気に加速をすることで上方向の力に変えていきます。この力の緩急のつけることのイメージが難しいので，擬音語等も使っていくと良いです。「ダン……ダン……ダン……ダダダダン!!」のように最初はゆっくり，跳ぶ瞬間だけ細かく，速くを表現していきます。

話を聞いて実行できた子を褒める　それを聞いて修正した子はもっと褒める

集団指導で最も重要なのは話を聞く姿勢づくりです。

しかし体を動かす体育では子どもたちは落ち着かない状況が続きます。この際に重要なのは話を聞かない子を注意するのではなくて，ちゃんと話を聞く姿勢を取っている子に対して「褒めること」が重要です。その子がどのような姿勢を取っているのかを説明します。「〇〇さんはちゃんと体操座りで先生の方を向いて話を聞く姿勢ができてるね」といった具合ですね。

どの姿勢が話を聞く姿勢なのかを明確にし，この姿勢ができている子をピックアップして褒めます。それを聞いた子たちは，同様に褒められようと姿勢を整えていきます。これをすかさず「褒めて」いきます。

> 「〇〇さんよく聞いてたね！　ちゃんと先生の話を聞く姿勢が取れたね！　ありがとう」

このように，最初はできていなかったけど誰かをピックアップして褒めたら「修正した子」にもちゃんとフォーカスしてあげて，褒めてあげましょう。このようにすることで「注意をされて修正をした」のではなく「褒められて修正ができた！」にすることができます。

注意をされての修正は失敗体験になります。失敗体験では次に修正することができずにまた同様に注意を受け続けることになります。一方で褒められて修正ができた場合は「成功体験」になります。どうすれば褒められるのか？　どの行動を今取れば褒められるのか？　といった思考に変化していきますので，正しい行動を選択できるようになります。

一番の行ってはいけないのが，せっかく修正ができたのに褒めないことです。子どもの心理はせっかく先生の話を聞いてやったのに先生は全然見てくれない！　という思考になるため，その後の正しい行動をとっても意味ない！　となってしまいます。普段行っていないのに，修正してできた瞬間を見逃さず，子どもの変化を敏感に察知してすかさず褒めることができれば「先生はちゃんと見てくれてるんだ」という信頼に変わり，話を聞く姿勢だけでなく授業への意欲へとつながっていくでしょう。

第4章

水泳
運動

体つくり運動

器械運動

陸上運動

水泳運動

ボール運動

表現運動

水に顔をつけることができない／うまく呼吸ができない／けのびがうまくできない／クロールでうまく進むことができない／クロールの息継ぎができない／平泳ぎのタイミングをつかむことができない

1 水に顔をつけることができない

CHECK

あごをつけることはできているか

できていない背景 | 水の中が未知の空間のため，未経験なので怖い
苦しそうで怖い

POINT

スモールステップで褒めていく

❶ 小さい目標をたくさん達成させる

　一度できてしまえば簡単な顔付けでも，できない子にとってみたら一大決心が必要なほどの大きな壁になっています。そのためいきなり超えさせるのではなく，スモールステップで少しずつ超えさせていきましょう。

あご → 口 → 鼻 → 右耳 → 左耳 → ゴーグルの下部分

　このように，とにかく細かいステップを踏んでいき，一つできるごとにとにかく褒めていきます。

　水が嫌いな子の多くは不安によるものです。不安な子に対して，いつかできるのを待っていてもなかなかできるようにはなりません。できない自分に対しての自己肯定感がさがっている状態なので，自信をつけさせて，「今，自分が成長しているよ」と認めてあげることが自分への自信につながっていきます。

　逆に顔をつけることができれば，教えられることはたくさんあります。早い段階で成功させるためにも，一番の近道はたくさんの小さな目標を越えさせて，褒めていくことです。できていると認めることが一番の近道になるので，少しの変化や成長を見逃さず，たくさん褒めていきましょう。

CHECK&POINT

□あごをつけることはできているか

　スモールステップで褒めていく

□水に恐怖心をもっていないか

　ゴーグル着用で苦手意識が強くなる前に克服をする

CHECK

水に恐怖心をもっていないか

できていない背景 | ただただ怖い
直接目に水が触れるのが嫌

POINT

ゴーグル着用で苦手意識が強くなる前に克服をする

❶　ゴーグルは着用する

　水の中は子どもにとっては異次元の空間です。さらに一番安心できる視覚情報が水の中では大きく変化するため，余計に不安になります。無駄にその恐怖心からいつまでも抜け出せないよりかは，先にゴーグル着用をして直接眼球に水が触れないようにすることで，一つの安心感を得ることができます。ゴーグルの下部分を水につけることで水中の視界も少し見ることできるので，潜らなくても先に安心を得ることもできます。

❷　1秒を使う

　ゴーグルをした状態で，一瞬で良いので，「すぐ顔をつけて，すぐ顔を出す」を行います。子どもには「たった1秒だけ顔をつけよう」と言います。

　子どもにとっては1秒は一瞬のできごとになるので，安心感を得ることができます。一番不安になるのは「どれくらいやれば良いのか分からない時」です。水についたか分からないくらいの一瞬でも構いません。ゴーグルに水がつけられただけでも合格です。

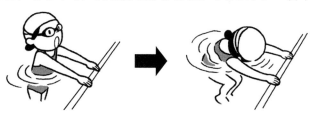

水泳運動

2 うまく呼吸ができない

CHECK

鼻に水が入ってしまっていないか

できていない背景 | 呼吸を止める恐怖から水の中でも呼吸をしてしまう
焦りから呼吸が待てない

POINT

物理的に閉じて練習をする

❶ 鼻を指でつまむ

　自然と行っている呼吸を止めることは難しく，慌ててしまうと呼吸が優先になるので，物理的に鼻を閉じて練習をしましょう。まずは鼻を指でつまんで潜る練習をします。泳ぐ時も，最初は鼻をつまみながら練習をしましょう。

　けのびの練習でも，まだ鼻から飲んでしまう子はつまんでいても大丈夫です。これもとにかく呼吸を止めておくことを，何回も練習をすることで身体が慣れることです。恐怖心や焦りは，脳に酸素をたくさん使うのですぐに苦しくなってしまいます。自分の安心できる状態で練習を繰り返すことで，余裕が生まれて呼吸に気を配ることができるようになります。自信がつけられるまで鼻をつまんで，行いましょう。

❷ バブリングとボビングで水中呼吸に慣れる

　実際に泳ぐ時は「水中で鼻から息を吐き，空気中で口から息を吸う」が正しい呼吸法になりますが，スピードや長距離を泳がなければそこまで無理をして正しい呼吸法をしなくても大丈夫です。鼻での呼吸は慣れるまで難しく，鼻のツーンとする痛みに慣れることはないからです。

鼻から呼吸できる子は鼻で吐き，口から吸うボビングの練習。まだ難しい子は口から吐いて口で吸うバブリングの練習をして水中呼吸に慣れていきましょう。

CHECK

呼吸をするタイミングは分かっているか

できていない背景 | 水の中で息を吸ってしまう
鼻呼吸に慣れていない

POINT

段階的に呼吸を練習する

❶ 鼻に水が入る「あがる瞬間」に注意する

　顔がつけられるようになってから次に引っかかるのは鼻に水が入ることで，鼻の奥に痛みが生じて嫌いになることです。これは全員ということではないですが，鼻呼吸に慣れていない子は，水の中で我慢をして，まだ水からあがっていないのに呼吸をはじめてしまい，鼻や口から水を飲むなどでむせてしまうことがあります。

❷ 口で言っても分からないことを理解する

　自然と無意識で行っている呼吸を自らの意志で止めるという行為は，普段は行わない非現実的な行為です。それに対して「鼻から息を吸わないで」と注意をしても理解できるわけもありません。水の中で呼吸ができず苦しくなることで軽いパニック状態になっているので，注意を聞けるはずもありません。

❸ 呼吸も段階的に押さえる

　「潜る→水から顔を上げて呼吸をする」ですが，この「呼吸する」がすぐにできれば息継ぎもすぐにできます。しかし最初からすぐにはできないので，まずは水から顔を出したら深呼吸で大丈夫です。「水から出る→呼吸→また水に入る」が遅くてもできていれば「できてる！」の部類に入れてしまいます。そうすることで「これでも良いんだ！」と思ってもらい，意欲を高めて行います。この段階から，少しずつ呼吸の部分を速くしていき，まずはできていることを伝えていきましょう。

水泳運動

3 けのびがうまくできない

CHECK

まっすぐ体を伸ばせているか

できていない背景 | 指先まで伸ばせていない
顔があがり，足が沈む

POINT

指先を伸ばして一本の槍を意識させる

❶ 一本の槍のイメージをもたせる

まずは指先を意識させるようにしましょう。ひじを伸ばすことだけ意識させると指先まで集中することができません。「一本の槍になるイメージで先っぽを尖らせて！」と具体的なイメージづくりが大切です。

❷ 頭を入れることで距離アップを目指す

けのびは一番水の抵抗を受けない泳法です。ただ最初は速く呼吸をしたいせいか，あごがあがってしまう子が多いです。あごがあがると，頭があがり，あがった頭に水があたるので抵抗が生まれてしまいます。さらに頭があがると足がさがります。浮くことができなくなるので，身体は水中で斜めになり，さらに抵抗が生まれ，距離が出なくなるのです。腕は耳の後ろにつけて「槍のポーズ」をして頭を入れましょう。

❸ 正面に立ち水の抵抗を減らしてあげる

正面に立って後ろに歩いてあげることで水の抵抗が減り，進みが速くなります。さらに「指先で先生を刺すように！」と言って指先の意識も高めておきましょう。水泳は進んだ距離が自信につながります。どれだけ遠くに進めたかが一番の成果になります。呼吸を我慢すればするほど遠くに行けるので，呼吸に対しての我慢強さも一緒に育てることが可能です。

□まっすぐ体を伸ばせているか
　指先を伸ばして一本の槍を意識させる
□すぐに立ち上がってしまっていないか
　壁に向かって練習をする

CHECK

すぐに立ち上がってしまっていないか

できていない背景｜前を見ないと不安になり顔があがってしまう

POINT

壁に向かって練習をする

❶ 練習のはじめは壁キックよりも，壁に向かう練習を行う

　通常の練習は壁をキックしてけのびを行いますが，我慢をしている時にまず子どもたちのとる行動は「何かをつかむ」ことです。なので壁キックをすると次につかめる所は25m 先の壁ということになります。あまりの遠い目標に我慢をすることができません。そこで，ゴールを近くの壁にすると，近い目標が待っているので我慢をすることが可能になります。

　さらに「何かをつかみたい」という心理で指先を壁に向けて伸ばすので，より正しいけのびができるようになります。壁に向かうけのびの練習をする時には，指導者が水中で中腰をして，膝の上に子どもを乗せます。最初は怖い子もいるので，手の届く距離でも大丈夫です。そこから少しずつ遠くして最終的に5m をけのびで進めるまでできるようにしていきましょう。

水泳運動

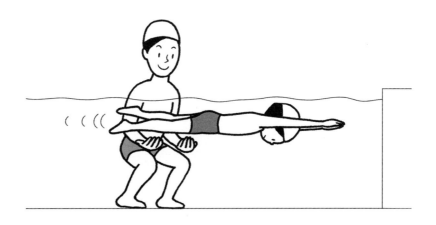

4 クロールでうまく進むことができない

CHECK

手でかくスピードが速すぎていないか

できていない背景 | 手を回すことを意識して伸びることができない
とにかくフルパワー！

POINT

力はいれすぎず，ゆっくり遠くに伸ばすことを意識させる

❶ 手をかく時は一回手を合わせてから行う

　手をかく時に「速く回せば速く進む」とどうしても思ってしまい，急いで手をかいてしまいます。しかし水泳では「伸びる」行為が入らないと進むことができず，いかに伸びるかが重要になってきます。そのため手を回す時は，回していない方の手が「けのび」になっている必要がありますので，必ず手を合わせてから反対の手をかくように練習をしましょう。

❷ 手のかきの回数を指定する

　距離を目標にすると頑張りすぎて，力が入りとにかく速く動かすことになってしまいます。前述のとおりゆっくり伸ばしながら泳ぐことがこの先の25m完泳にもつながります。距離よりも正しく手かきができているかを評価していきたいので，手のかく回数を段階的に決め，少しずつ伸ばしていきます。最初は4回。ただし手はゆっくり大きくが条件です。

　できるようになったら6回・8回・10回……と回数を上げることで必然と距離が伸びるようになってきます。「15回かければ，半分の12.5mもいける！」といった明確な回数目標を立てることで，あの距離まで行かなきゃ！　と焦る必要もなくなります。

□ **手でかくスピードが速すぎていないか**
　力はいれすぎず，ゆっくり遠くに伸ばすことを意識させる
□ **力いっぱいにバタ足をしていないか**
　バタ足はやさしく，ゆっくり大きく泳ぐ

CHECK

力いっぱいにバタ足をしていないか

できていない背景 | すぐ疲れ，苦しくなってしまう
バタ足を頑張りすぎてしまう

POINT

バタ足はやさしく，ゆっくり大きく泳ぐ

❶　強いバタ足ではなくゆっくり大きく泳ぐよう指導する

　速く進むためには強いバタ足が必要，と子どもは考えますが，クロールにおいて距離を泳ぐならばバタ足を強くする必要はありません。膝が曲がれば足が沈み，強くたたけば水しぶきが立ち抵抗が生まれ，急いで動かせば酸素を消費し苦しくなるのです。

　実際のクロールで進む割合は手が7，足が3くらいの配分です。足を頑張るよりも手のかきを正しくできる方が速く進むことができるのです。過度なバタ足練習はタイムを目指すならば必要ですが，25mを泳ぐのには必要ありません。

＊面かぶりクロールはとにかく伸びること

　上記で書いているように，慌てて急いで行うと酸素の消費量があがります。50m走でも全力で走れば，「はぁはぁ」と息はあがります。激しく動くということは酸素が必要ということです。

　ただ水泳は，まずは泳げるようになることが目標です。決して競争ではないです。スピードをあげるのは，25m泳げるようになってからでいいのです。まずは陸上でいう「歩く」くらいの運動量で充分です。苦しくなるのは走っているから，水の中でも歩くくらいの適度な力で「ゆっくり」そして「おおきく」さらに「バタ足もやさしく」を意識して泳ぐように指導をしましょう。

水泳運動

⑤ クロールの息継ぎができない

泳ぎながらの呼吸の動きはそもそもできているか

できていない背景 | 慌てて急いでしまう
前を気にしてあごがあがる

POINT

最初はバタ平泳ぎで呼吸に慣れる

❶ バタ平泳ぎで呼吸に慣れる

　人間苦しい時は必ずあごがあがります。なので，クロールのように横にあげるのは自然ではなく最初は難しい子も多いと思います。まずは足をつけずに呼吸をして泳ぎ続けることを学ぶために「手は平泳ぎ，足はバタ足」の泳ぎ方で慣れていきましょう。呼吸は手を広げた瞬間に顔をあげて呼吸をして，その後は「けのびバタ足→呼吸」を繰り返して泳ぎます。

❷ 補助はひじをもつ

　息継ぎをできるようにするため，補助をすると思います。多いのは手の平をもってあげるのですが，前述のとおり，苦しい時の行動は「何かにつかむ」です。手の平を持つと手を握ってしまい，基本のけのびの指先が伸びなくなってしまいます。なので補助をする時は伸ばした手のひじを支えてあげるとひじを「伸ばす」と「支える」が両方できるので伸ばしながら補助ができるので何かにつかまりながらではなく，伸ばす意識を残したまま補助することができます。

□泳ぎながらの呼吸の動きはそもそもできているか
　最初はバタ平泳ぎで呼吸に慣れる
□息継ぎに必死で体勢が崩れていないか
　息継ぎの回数を少しずつ増やす

CHECK

息継ぎに必死で体勢が崩れていないか

できていない背景 | けのびの形が崩れる
　　　　　　　　　| 一生懸命やって苦しくなる

POINT

息継ぎの回数を少しずつ増やす

❶ 息継ぎ25m は頑張らないよう指導する

　新しいことをやる時に子どもは必ずと言っていいほど，力で解決をしようとします。力でクロールを行うと腕の動きは小さく，首の可動域も小さくなり，顔をあげることはできません。最初は補助を付けて，ゆっくり大きく息継ぎができるようにすることが大切です。こちらも距離で評価をするのではなく，正しい呼吸ができた回数を指定して評価をしていくことが良いでしょう。

　最初は１回ゆっくり大きく伸ばして呼吸をすることを目標にし，１回，２回と回数を伸ばしていけばいくほど距離が伴ってくるようになります。

＊最初の25m は呼吸との闘い

　苦しくなる原因は様々です。過度なバタ足・力み・不安・焦り等です。大丈夫だ！　頑張れ！　という言葉は焦りと力みを与えてしまいます。自信がない，できるかどうか不安の中行っているので頭で考えてしまい，脳への酸素供給量が高くなり，普段であれば水中で息を長く止められる子も苦しくなってしまうのです。指導者はその不安を取り除いて，自信をもたせてあげることが一番重要だと考えています。「今のはここがうまかった」「指先がすごい意識できてたね」「呼吸が５回もできてこれだけの距離を泳げるようになったね！」等，肯定感の強い言葉で励ましていきます。指導技術も必要ですが，子どもが安心できる声掛けや寄り添いが一番の25m指導になると思います。

水泳運動

6 平泳ぎのタイミングを
つかむことができない

CHECK

手足の動きのリズムは分かっているか

できていない背景 | とにかく速くやろうとする
手と足が同時に動く

POINT

手・足を４つのリズムを押さえる

❶ 手の４つのリズムを押さえる

平泳ぎは４つのリズムで構成されています。まずは手の４つのリズムを押さえましょう。

> **1** （手のひらを合わせて伸ばした状態が０番）１番は手のひらを返し外側に向ける
>
> **2** ２番は手でかく
>
> **3** ３番は手をあごの下で合わせる
>
> **4** ４番で合わせた手を伸ばす

❷ 足の４つのリズムを押さえる

手同様に足でも４つのリズムで行っていきます。

> **1** （けのびの状態が０ポジション）１番は膝を曲げる
>
> **2** ２番はつま先を外側に向けて
>
> **3** ３番で脚を伸ばして
>
> **4** ４番で脚を合わせて気をつけ

になります。一番の難関は２番のあおり足の感覚になると思います。自分の見えてない位置での身体の動きになるので，プールサイドに座って足を伸ばして直接２番の動きの練習をして，実際にけのびの状態からの練習を行ってみましょう。

□手足の動きのリズムは分かっているか
　手・足を４つのリズムを押さえる
□手足の動きは連動しているか
　一つ一つの動きを明確に，番号ごとの動きを押さえる

CHECK

手足の動きは連動しているか

できていない背景 | 力で解決をする
とにかく動かすので伸びがなくなる

POINT

一つ一つの動きを明確に，番号ごとの動きを押さえる

❶　手と足を合わせる

　手と足をどのタイミングで動かすかの指示をしていきます。

　最初は足の４つのリズムを行いましょう。その際に手はクロール同様にけのび姿勢です。足で蹴った勢いを活かすためには上半身がしっかりと伸びてなければいけません。伸びていないと足で蹴った推進力が曲げた手によって抵抗を受け進まなくなり，余計に焦ってたくさんかくことになるのです。足が４の動作まで終わってしっかりと伸びてから，手の４つのリズムに入ります。

　息継ぎは２番と同時に行うのがポイントです。３番の手を合わせる時に息継ぎをする子もいますが，顔が必要以上に上にあがりやすくなり，身体が水中で縦になるので沈みます。２番で行うことで，なるべくけのびの状態を維持して息継ぎをします。手が４番まで終わったらまたけのびです。

> 足・４つのリズム→けのび→手・４つのリズム→けのび→足・４つのリズム→けのび……

　と繰り返すことで各動きの推進力をしっかりと得ながら進んでいきます。

　クロール同様に一生懸命やると，ただやみくもに手足を動かすだけになり，ほとんど前に進むことができません。一つ一つの動きを明確にすることで「今のは手の２番で顔をあげられなかったね」「足の４番で気をつけすればもっと前に進むよ」等できなかった箇所を明確にして他はできていると褒めていき，できている部分とできていない部分をはっきりしましょう。

水泳運動

コラム part4

アヒル座りで運動が苦手になる？

　今まで多くの運動の苦手な子を見て指導をしてきました。その中で特徴を一つあげるとするならば「アヒル座り」です。女の子は骨盤の関係上，股関節が広がるためやりやすいのですが，男の子は逆です。本来は固くてするのが難しいのですが，私が見てきた多くの運動の苦手な男の子は「アヒル座り」で座っていることをよく目にします。

　このアヒル座りは正座，あぐら等の座り方に比べて膝の内側を支えに座ることになります。立っている状態で膝にボールを挟んで常に押しているような状態です。この状態が長く続くと，内股傾向になります。

　さらに座る際に膝の内側重心になりますので，胡坐（あぐら）や正座と違いお尻を中心に座らないので，お尻の筋肉が低下します。このお尻の筋肉が低下すると今度はつま先をまっすぐに維持することができなくなり，さらに内股が加速してしまうのです。幼児期の運動において内股傾向になってしまうと，

○バランス力の低下

　片足バランスや横の移動をする際に重要なのは足の親指になります。しかし内股傾向だと親指は内側に入ってしまうので，前にあるのは足の小指です。全体重を小指で支えることができずに倒れてしまうのです。片足バランスやケンケンでも重要なポイントになります。

○走力の低下

　走る時でも一緒です。親指を軸に足の指で真後ろに蹴らなくてはいけないのですが，内股傾向の子は親指を使わずに地面を蹴るため，地面を蹴った力が100％推進力につながらないため，足が遅くなります。

　このアヒル座りは男の子の場合は股関節が柔らかすぎるというのもあります。走る場合，身体が固い場合は可動域が少ないので蹴った力がそのまま速度につながりますが筋肉が未発達な状況で身体が柔らかすぎると，蹴った力がスピードとして伝わる前に柔らかい関節が力を吸収してしまいスピードにつながらないといったこともあります。

　このようにアヒル座りをすることによる弊害をご紹介しました。改善するためにはお尻の筋肉の強化になりますので，走ることやつま先を多く使うジャンプ種目を行うことが重要になります。

体つくり運動

器械運動

陸上運動

水泳運動

ボール運動

表現運動

第5章

ボール運動

ボールをうまく投げることができない／遠くまで投げることができない①／遠くまで投げることができない②／助走からうまく投げることができない／ボールを捕ることができない／いろいろな方向からのボールを捕ることができない／ボールをうまく蹴ることができない

ボールをうまく投げることができない

CHECK

手首の返しはうまく使えているか

できていない背景 | 返しがうまくできていない
連動が取れないのでぎこちない動きになる

POINT

まずは手首だけで投げる

❶ 真上にあげる

　2人1組で取り組みます。一人は仰向けに寝転がり，ひじを反対の手で持ち固定をすることでひじから先までしか使えないようにしましょう。ひじから先だけを使い，真上にボールを投げます。投げたボールが真上にあがり，まっすぐと手元に戻ってくればできた証拠です。パートナーは，ボールが取れなかったら拾ってあげてすぐにもどしてあげましょう。

　投げたボールが手元に戻るにはスナップをきかせボールを回転させることがコツです。浮かせるだけでなくてできるだけ高くあげられるようにしましょう。

ひじを伸ばして手首を返してより
高く投げて手元に戻るようにする

手首を返して
しっかりとボールに
回転をかける

CHECK

余分な力が入っていないか

できていない背景 | 力が入りすぎて寝て投げると足の方へ飛んでしまう
遠くへ飛ばそうとして力が入りボールをはなせない

POINT

手首の返しでボールに回転をかける

❶　座った姿勢でペア練習を行う

　ボールを持ち肩の高さまでボールをあげます。先ほどと同様にひじを固定して投げるポーズをつくります。その状態で2人1組にして向かい合ってキャッチボールをします。目標は相手の胸に優しく投げることができるようになることです。途中体操マットを立てて2人の間に立つことでマットを越えて投げることで山なり軌道を確保します。

❷　強い球は投げず相手の捕れる球を投げる

　ボールを持つとどうしても強い球を投げることにこだわってしまいますが，まずは正しいフォームで力を入れずともボールは飛ぶことを体感しましょう。相手がちゃんと捕ってくれるようになるにはどれくらいの力で良いか。そういった力のコントロールを学ぶこともできます。

＊キャッチボールから学べること

　相手が捕る準備ができているかをアイコンタクトで確認。相手が捕球できる力加減。相手の投げた球を受けるために待つ姿勢等，キャッチボールからは多くのことを学ぶことができます。特に強く投げられる子ほど力加減が難しくなります。キャッチボールでは捕れないことは投げる側の責任として，捕る側の責任は問わないようにします。

ボール運動

2　遠くまで投げることができない①

CHECK

体が正面以外に向いていないか

できていない背景 ｜ 投げる手だけを動かしてしまう

POINT

上半身を連動させる

❶　玉入れ用の玉で練習をする

　玉入れ用の玉は，当たっても痛くありません。捕れなくても転がっていかない，と練習に最適な球になります。まずは正面に立ち先ほどのひじから手をはなしてボールを耳の横に持っていき投げる練習をしましょう。手の位置が肩より下に下がって投げるとボールは上にあがりません。必ず肩より上で耳の横から投げるようにしてみましょう。

❷　半身の姿勢から投げる

　風車投げで腰と腕を連動していきます。相手に対して体を横向きにします。足を肩幅に広げ，手を大きく180度に広げます。顔だけ相手をみましょう。ボールを持っていない手を投げる相手に向けて，風車の羽が回るように前の手は下げて，ボールを持つ手を動かします。

　相手に向けた手がお尻を通過すると腰が自然と捻られて，身体が正面を向きます。この動きが腰をひねることになります。

前の手をお尻の方へおろすことで自然と体が正面を向き腰の回転が入るようになります

CHECK

ボールが曲がってしまっていないか

できていない背景 | 投げ方が分からない
腰と連動できない

POINT

曲げる瞬間の首の向きに気をつける

❶ コントロールに重要な目線を意識する

　強い球は余計な力が入るのでゆっくり大きくが基本となります。連動も大事ですがちゃんと相手に飛ばないとキャッチボールは成立しません。その際に重要になるのは目線です。目線の動きがボールの動きに変わります。多いのは投げる瞬間，下や横を向くことです。下を向くと腰が折れてリリースポイントがズレて下にボールがいき，投げる瞬間に首を横に捻ると体も一緒につられて横方向に曲がり向いたほうに飛んでいきます。投げる前，投げる瞬間，投げた後も全て相手を見るようにして身体の軸が動かないようにすることがまっすぐボールを飛ばすコツになります。

＊力は投げる瞬間だけ使う

　風車投げでも力が入ってしまうと180度に広げた腕がさらに大きく広がってしまいます。大きく広がりすぎると，投げる腕が頭にぶつかるので頭を横に倒して投げます。このような投げ方もあるのですが，体幹がしっかりしていないと体が横に傾いてしまい，強いボールが投げられなくなってしまうので，広げる腕は160度～170度くらいを意識すると肩にストレスなく投げられるようになります。

手を大きく広げるが力は抜いて

ボール運動

❸ 遠くまで投げることができない②

体重移動はできているか

できていない背景 ┃ 足をあげると手が連動してしまう

POINT

下半身を連動させる

❶ 体重移動からの上半身の連動を意識する

　ボールを速く投げるには体重移動が必要になります。自分の体重をボールにのせるとも表現しますが，イメージをつくるのは非常に難しいです。なので前項でも行った風車投げから動きの要素をプラスすることで，できている動きからさらに動きを加えていきます。

❷ 体重移動を押さえる

　前項の風車投げのポーズを取りますが，足は「気をつけ」にしましょう。目線は投げる相手を見続けます。右投げの場合は左足の膝をあげて片足立ちのポーズを取り大きく一歩前に足を出します。この時まで広げている手は一切動かしません。足を踏み出したら左足に体重をかけて，ヨガの「戦士のポーズ」になりましょう。左足が曲がり右足が伸びていれば大丈夫です。

気をつけの風車投げポーズから　→　片足を上げる※ボールを持つ手が下がらないように注意
　→　大きく前に一歩出して地面についてから　→　一気に風車投げを行います

CHECK

足がつく前にボールを手放していないか

できていない背景 ｜ 左足がつく前に投げる動作に入ってしまう

POINT

左足がつくまで右手を動かすのを我慢する

❶　体重移動からの投動作を押さえる

　片足立ちから大きく踏み込むことができたら，投げの動作へと移行します。大きく踏み出した時にまだ手を広げている状態ですので，踏み込んだ瞬間に先ほどの風車投げを行います。

　ここで多いのは最初の両手を広げて片足立ちのポーズをする時に，右手があがってしまうことです。足がつく前に手があがってしまうと，腕の振る範囲が狭くなるので遠くへ投げることができずに下に落ちます。しっかりと左足を踏み込むまで手の始動は我慢してため込むことで勢いがつけられるようになります。

＊ボールの強さは腕の力ではない

　腕の筋力が無いからボールが飛ばないと誤解をしている子がいます。ボールの遠投力は腕の筋力よりも「身体の使い方」と「脱力」です。ただし，正しい使い方を教えてあげないといつまでも力の入った投げ方になってしまい。成果が表れず余計に力が入ってしまいますので，なるべく早い段階で投げることの楽しさを理解させてあげて，この先のドッジボールへの参加を促してあげたいです。

低学年に多く
みられる現象です
足をあげても
手は広げたままにし
ましょう

④ 助走からうまく投げることができない

走る勢い・ボールのサイズは適切か

できていない背景 | 大きく助走をとるが助走を活かすことができない

POINT

力加減を理解させ，子どもに合った段階からスタートする

❶ 助走からの投動作を押さえる

　速く投げる＝速く走ると考えがちですが，速く走った動作に対してブレーキを掛けられるだけの下半身の力が必要になります。過度な助走は結果投げられなくなってしまうので，徐々に速くできるようにしていきましょう。

❷ 最初は小さいボールではじめる

　ゆくゆくはドッジボールサイズで行いますが，最初は玉入れの玉やテニスボールサイズの手のひらに収まるボールで練習をしましょう。まだボール感覚が身についていない段階では，手のひらサイズでも手からボールが落ちることもあると思います。

　これがドッジボールサイズになると，手のひらよりも大きいサイズになりますので，投げる瞬間に手でおさえられず落としてしまいます。ここでもできないと力で解決しようとしてしまうので，悪循環になります。はじめは小さいボールから少しずつボールに慣れていきましょう。

CHECK&POINT

☐ 走る勢い・ボールのサイズは適切か
　力加減を理解させ，子どもに合った段階からスタートする
☐ 足（下半身）をうまく動かせているか
　サイドステップから風車投げを練習する

CHECK

足（下半身）をうまく動かせているか

できていない背景 │ 足の動かし方が分からない
　　　　　　　　　│ 正面を向いて走り，投げる時も正面を向いている

POINT

サイドステップから風車投げを練習する

❶　動きの準備をする

　正面から走り投げる瞬間は風車投げのように横向きになっていなければ強い球を投げることはできません。なのでボールを持たずにまずは足さばきの練習をします。前項の風車投げのポーズを取り今度は足を広げます。一歩だけサイドステップを行います。そこから投げてみましょう。一歩助走の風車投げでまずは移動→投げるの形をつくっていきます。

❷　走りからサイドステップを練習する

　走りながらサイドステップへ移行する練習をします。走る→右足前サイドステップ→足が慣れてきたらサイドステップになる際に手を180度に広げて行ってみましょう。

　あとは前述のサイドステップからの投げを行います。投げる際に身体が前に流れてしまうならば助走のスピードは遅くして正しい投げ方で投げられるようにスピードを調整します。

サイドステップを入れないと体が正面を向いたまま投げることになります
腰の回転が使えないので結果飛距離やスピードが出ない球を投げてしまいます

ボール運動

ボール運動

捕球

 ボールを捕ることができない

CHECK

捕球の姿勢はできているか

できていない背景 | 恐怖で体が硬直している
膝が立っている

POINT

ゴールキーパーのポーズで中間位を形成する

❶ ボールを捕る姿勢を教える

まずは正しい構えを押さえていきます。簡単に教えるには「ゴールキーパーの構えを取ろう！」です。ゴールキーパーは手を下に広げ，足は肩幅に広げて，膝が曲がっている状態の「中間位」をつくります。

❷ キーパー姿勢からのキャッチボールを行う

2人1組でキーパー姿勢からのキャッチボールを行います。最初は慣れるために転がして行いましょう。転がすことで膝が曲がっていないと捕ることができません。柔らかい球で，優しく下投げし相手が捕れる球でのキャッチボールを行いましょう。

❸ 程よい緊張感で行う

ある程度慣れてきたら条件もつけていきましょう。「連続10回落とさずに成功したら座ります」です。ただし誰でも成功できる距離で行います（2〜3m）。成功のコツはゴールキーパーのポーズ（中間位）を崩さないこと，両手でちゃんと抱えるように捕ること，必ず捕れる球を投げてあげることです。この条件が入るだけでより中間位のポーズが意識できるようになります。普段ドッジボールでは活躍できない子でも充分に活躍ができる種目ですので成功体験からボールに対する恐怖心や達成感を得て自信をつけさせていきましょう。

CHECK

恐怖で，全身に力が入っていないか

できていない背景 │ 硬いボールや速いボールに恐怖で体が硬直してしまう

POINT

柔らかい球で恐怖心を無くす

❶　その子にあったボールを選ぶ

　硬い球や速い球は恐怖で体が硬直します。硬直をすると球は身体に当たり跳ね返りますので痛いだけで取ることができません。

❷　どうしても怖い子には距離を縮める

　少し距離があるだけで「目をつぶる」「手でガード姿勢をとる」という子もいると思います。そういう子には最初はゼロ距離で行います。ボールが浮かない手渡しです。これでも成功したら「目をつぶらないでできたね！」「手を前に出さずに抱えることができた！」とできたことを具体的に褒めていきましょう。

　半歩離れて同様に行い，成功したら褒めていきます。浮く球もほんの少しからはじめて，徐々に広げていきます。恐怖心を克服するには些細なことでもとにかく褒めることが特効薬になりますので，できたことをたくさん褒めてあげましょう。

指先は下に向けて
おきましょう
指先に力が入っていると
指先がボールに向いて
突き指の原因にも
なります

捕球

6 いろいろな方向からのボールを捕ることができない

CHECK

方向に合わせて足は動いているか

できていない背景 | 手だけ出して捕ろうとして後ろに逸らしてしまう
ボールに対して反応ができない

POINT

相手の投げるポーズから最初に足が動くように練習をする

❶ 足の動かし方を学ぶ

2人1組で行います。捕る人は中間位姿勢で待ち，投げる人は座って下投げでボールを投げる準備をします。まずはボールを投げずにボールをどちらに投げるか指定をします。投げる側から見て右に投げる場合は，捕る側は左足を横に一歩移動します。ボールは投げずに投げる側がボールを出した方向に足を動かす練習をします。

❷ ボールを身体の中心で捕る

次にボールを投げますが，必ず投げる方向を指定しましょう。投げるボールは身体からボール一個分横に投げます。相手の手からボールが離れたら足を一歩出して身体の中心で捕るようにします。捕れない子の多くは身体の横で手だけを出して捕ろうとするためボールが後ろにいってしまいます。ボールに対してまずは足を動かす練習をすることで身体の中心でボールを捕りボールが後ろに行かないようにします。

❸ 程よい緊張感で行う

今度は投げる方向を指定せずに投げられた瞬間に適切な方向へ足を動かして捕球できるようにします。5回落とさなかったら投げる人と交代していきましょう。ゲーム性が入るとより中間位の意識が高まります。さらにボールをよく見ようと集中しはじめます。

CHECK

無理に強い力で投げる・捕ろうとしていないか

できていない背景 | 負けず嫌い
　　　　　　　　 | 周りができているので焦って挑戦してしまう

POINT

全員が楽しめるルールで行う

❶　強い球を投げる・捕るはまずは弱い球がちゃんと捕れるようになってから行う

　いきなり強い球が投げられたり，捕れるようになるはずはありません。それができるようになるのは，負けず嫌いの強い子，運動による成功体験をたくさん積んでいる子だけです。そのような子が全員のクラスはあり得ませんので，できない子に合わせつつ，どうできる子も楽しめるようにするかがボール運動の授業での鍵になります。できる子は力のコントロールが学べ，苦手な子はレベルが下がっているので「これならできるかも」と思わせていくことで，得意な子と苦手な子が一緒に学ぶことができるようになっていきます。

　できる子は自己顕示欲で力が強くなり，できない子はどうにか力で解決しようとしてしまいます。そうならないためにも３ｍくらいの距離で２人１組のキャッチボールを行ってみましょう。その際のルールで10回連続でキャッチボールを成功させるをテーマにします。

・成功のポイントは相手が捕れる球を投げてあげること

・相手が捕れない時は投げる方に責任がある

・相手が100％捕ることができる球を投げるようにすること

　というルールにします。ドッジボールのような相手にぶつけるのではなく，相手のためを思って投げることが重要です。言葉のキャッチボールという言葉があるように相手に受けてもらえる球を投げ，捕る方はそれを必ず捕ってあげるという図式をつくることでキャッチボールから「思いやり」の精神を学ぶこともできます。

ボール運動

蹴球

7 ボールをうまく蹴ることができない

CHECK

足を振りかぶることはできているか

できていない背景 │ 股関節が硬くなってしまっている
　　　　　　　　　│ 体が前に倒れず振りかぶることができない

POINT

下半身の柔軟性をあげ動かし方を身につけさせる

❶ 事前運動で股関節の可動域を広げる

　ボールを蹴るためには股関節を柔らかく使う「振りかぶり」，蹴った後の足の「フォロースルー」が重要になります。そのための事前運動として「飛行機バランス」と「足上げクロス」を行いましょう。「飛行機バランス」は片足立ちをして両手を広げ身体を前に倒して，後ろ足を身体と平行にします。「足上げクロス」は歩きながら足を高くあげ，つま先を逆の手でタッチしましょう。

❷ 蹴れない原因は「振りかぶれないこと」と理解する

　幼児やできない子を見るとほぼ振りかぶらずにつま先で押し出すような動作になっていると思います。なのでフォロースルーもありません。

　投げることに置き換えるとボールを後ろにもっていかずに身体の正面から投げるようなものです。

　そこから強い力を生み出すことはできませんので，失敗しても動作の大きいことを褒めて自信をつけさせていきましょう。

クロスタッチのイメージで
大きく体をひねることで
キック力が増します

体を前に倒さないと
足をあげることはできません

CHECK&POINT

☐足を振りかぶることはできているか
　下半身の柔軟性をあげ動かし方を身につけさせる
☐蹴る動作を分かっているか
　ボールの横に足を置き片足で止まることで「ため」の動作をつくる

CHECK

蹴る動作を分かっているか

できていない背景 │ ボールに対して止まることができずに力が流れてしまう

POINT

ボールの横に足を置き片足で止まることで「ため」の動作をつくる

❶　振りかぶりから蹴り→クロスタッチを行う

　投動作同様に蹴る動作には腰のひねりが入ります。この動作を自然と行えるように飛行機バランス→足を振り下ろし→クロスタッチへともっていきます。もちろんぎこちない動きに最初はなると思いますが，足をあげる方向を分かりやすくしているだけですので，できるようになってきたらタッチをする必要はありません。

　動作を大きくすることでより強いキックができるようになりますので，最初は止まっているボールから身体を大きく使って蹴れるようにしましょう。

ボールの真横にしっかりと踏み込んで
振りかぶる

❷　ジャンプ→飛行機バランスを行う

　蹴る際の踏み込みの練習をします。ボールに見立てたケンステップを置いて，一歩離れたところから，ジャンプをしてボールの横に足を置いて飛行機バランスの姿勢をとります。これで振り上げ足が完成します。慣れてきたら，軽く助走をして片足ジャンプから飛行機バランスをすることで片足ストップの負荷をあげていきます。

ボール運動

コラム part5

いろいろ注意せずまずは目線だけ

　低学年を指導する際まだ運動経験が少ない子も多いので，いろいろやり方を指導してしまい，子どもが全然理解できずに結局どうやれば良いのか混乱してる状況を目にします。

　指導法がたくさんあればあの手この手を試したくもなるのですが，まだ低学年は身体の動きの理解も高くなく，自分の身体をどう動かせば良いのかも分かっていない子も多いです。

　なのであれこれ指示を出すのではなく，一つに統一してしまいます。

　「必ず前を向くこと！　下を向かないようにやってみよう！」

　これだけです。

　まずバランス系は不安で足元を確認しがちです。足元を見ると背中が曲がり，重心が前方向に行くので，まだ頭が大きい子もいる低学年層はバランスを崩しやすいです。

　全力で動くことに関しても，腕や足の動きに頭も一緒についていってしまうので，転びやすくなります。ボール投げが良い例になります。ボールを投げる構えを取る時に後ろを向き，腕を動かして投げる瞬間に下を見る子もいます。一度も前を見ないのです。それくらい頭が動くとバランスなんて取れるわけがありません。

　これを一言で解決するのが「前を向くこと」です。頭を下にしてフラフラ動く低学年が多いのではないでしょうか？　どんなに失敗してもできなくても「ちゃんと前を向けてたね！」と褒めることで失敗の中に成功を残してあげるようにします。

　さらに近くを見ると視界が大きく動くので眼球運動が激しくなり，視線が大きく動きます。片足立ちでも説明しましたが，人間のバランスは目で取っていますので，激しい眼球運動はバランスを崩します。遠くを見ることで眼球運動は減りバランスを保てるようになってきます。

　さらに姿勢も背中が曲がらずに伸びるようになりますので体が安定することができます。

　先ほどのボール投げでも前を向くことに集中することで軸となる体幹が動かなくなり，体重移動から腕のふりへとエネルギーロスを起こさずに力を伝えることができるようになります。

　色々言う前に一つだけ「下を見ないで前だけを見よう！」これだけで多くの問題が解決されるはずです。

第6章

表現運動

体つくり運動

器械運動

陸上運動

水泳運動

ボール運動

表現運動

テンポをうまく取ることができない／ステップが覚えられない／振りを覚えることができない

リズム

① テンポをうまく取ることができない

CHECK

リズムをまず理解できているか

できていない背景 | 拍の意味が分からない
体でリズムを感じることができない

POINT

まずは手拍子・簡単なワードでリズムをつかむ

❶ 小さい目標をたくさん達成させる

　ダンスの振りの多くは4拍子を2回行う8拍子で行います。なので4拍子のリズムを覚えていきます。まずは手拍子をしながら数字で，指導者「1，2，3，ハイ」で4拍子を行い，子どもたちも同様に「1，2，3，ハイ」で返します。指導者が「ハイ」と子どもに声をかけることで，子どもも，どこで入ればよいのかが分かります。手拍子が全てのテンポの基礎となるので，しっかりとリズムが取れるようにまずは練習を行いましょう。

1・2・3と手拍子をする

4拍目で子どもに合図

❷ リズムを言語化して行う

　この後のステップや振りを覚えるためにも数字以外でもテンポを取れるようにします。例として，指導者「トー，マー，ト，ハイ」と前述の数字の時と同様に，言葉に合わせて手拍子を行います。子どもたちも「トー，マー，ト，ハイ」で指導者に返します。この練習がこの後の振りを覚えることにつながっていきます。

CHECK

リズムにあわせて体を動かすことができているか

できていない背景 | 4拍，8拍が理解できない
リズムよく動くことができない

POINT

身近なステップ動作でリズムを覚える

❶ ジャンプでリズムを覚える

　まずは4拍子で先ほどの「1，2，3，ハイ」を両足ジャンプでできるようにしましょう。曲中や小節数が長いとできない子も，4拍子でのジャンプと短いものであれば，すぐできる子も多いと思います。行う時は必ず声に出しながら行います。もちろん声に出してできない場合はジャンプだけでも大丈夫です。まだジャンプをできない子はこの場面でも拍手でリズムをつかみます。しっかりと手拍子でリズムを取れるようになれば身体全体でのリズムになります。できないことを何回もやらせるより，できることを何回も行って自信をつける方が近道です。

　この後のステップや振りを覚えるためにも身近なステップ動作でリズムを覚えていきます。「ケン・ケン・ケン・ケン」「ケン・グー・チョキ・パー」等の4つのステップで指導者が一定のリズムで手拍子しながら，合わせて行っていきます。

　もちろんできなくても大丈夫です。まずは動きに慣れること，動きに慣れたらリズムに合わせることができるようになっていきますので，根気よく行う必要があります。

　協応動作も加わった振りつけは，手足がバラバラに動くものも多いです。手足をバラバラに動かす協応動作がしっかりとできていないと動作を覚えることもできません。まずは上記の4拍子の中で「ケン，グー（拍手），チョキ，パー」と上半身の動きも入れていきます。慣れてきたら「ケン（頭），グー（胸），チョキ（腰），パー（拍手）」といったように全ての動きに手をどこに置くかを決めておきます。上記の例は上から順番に触る位置が落ちてきていますが，下から上に，ランダムに配置するなど，子どもたちの習熟度を見ながら協応動作を高めていきましょう。

表現運動

② ステップが覚えられない

CHECK

視覚で見たステップを自分の中でイメージできているか

できていない背景 | 動きを見てどこをどのようにうごかしているのか，
自分の中で言語化・理解できない

POINT

ステップは言語化して伝える

❶ 子どもたちの頭の中を理解する

　ダンスの振りはリズムで覚えることが多いと思います。1，2，3，4と言ったリズムで覚えますが，まだダンスをやったことない子は，「音を聞く」「合わせて動く」「振りを覚える」「できないと恥ずかしい」……など，いろんなことで頭がいっぱいになってしまいがちです。体が委縮してしまい覚えるよりも焦りなどでパニックになっていることが多いです。

❷ ステップを言語化する

　有名なステップで「ボックスステップ」があります。足を前に出してクロスをして片足ずつ戻しますが，最初は子どもたちが慣れない動きで混乱します。ボックスステップは4つのリズムで構成されていますが，カウントで合わせるのではなく言葉で合わせていくと覚えやすくなります。「みーぎ⑴クロス⑵もーどー⑶る⑷」にするとイメージがしやすくなります。指導者のみならず子どもたちも声に出しながら行うとより記憶の定着を望むことができます。

みーぎ→クロス→もーどー→る

CHECK

ステップは頭の中で定着しているか

できていない背景 | 番号と動きが一致できない
　　　　　　　　 | 動作とあわせてだと脳のメモリーをオーバーしてしまう

POINT

覚えやすいワードを優先，視覚情報もうまく利用する

❶　ステップの名前を覚える

　正式名称でも大丈夫ですし，覚えにくい名前だったら短く動きが表現されているものに変えても大丈夫です。「この名前」は「この動き」と，一致させることが大事です。

　前述のボックスステップを例にあげてみましょう。

「みーぎ(1)クロス(2)もーどー(3)る(4)」…どの足をどのようにという流れで示す
「ボッ(1)クス(2)ステッ(3)プ(4)」……ステップの名称をリズムに変換

　慣れてきたら名称だけでステップを踏めるようにしていきましょう。

❷　フリップにステップ名を書く

　子どもたちは聴覚情報よりも視覚
情報の方が理解しやすいです。ステ
ップを覚えたならば，次はフリップ
にステップ名を書いて用意しておき
ます。フリップを見てステップが踏
めるようになってきたら，いよいよ
振りに入ります。

表現運動

振りを覚えることができない

CHECK

リズム・ステップはそれぞれ理解できているか

できていない背景 │ 単純に記憶できない

POINT

スモールステップで確認していく

❶ リズム・ステップの総復習

前ページで行ったことの総復習になります。

まずはダンスを行いたい音楽に合わせて手拍子でリズムをつかませましょう。音楽のリズムを取れるようにしてあげます。そこでは指導者は前述の通り指導者→子ども→指導者→子どもと拍を手でたたき，交代で行っていきます。

ステップも同様に言語化したものを一緒に声に出しながら押さえていきます。曲のテンポに合わせてできない時は，曲のテンポを遅くして，正確に拍を取らせます。拍が取れたら，次第に元のテンポに合わせていきます。ここを丁寧に行うことで，スムーズに全体を通しての段階につなげることができます。

❷ サビを教える・決めポーズを教える

この曲のサビ（盛り上がる所）はどこかを教えます。ここが一番の見せ場であること，曲の中で繰り返し行われる所を教えていきましょう。一番の見せ場であり，盛り上がる所から行うことで，苦手な子も楽しく取り組んでいけます。決めポーズはダンスの最後に必ず行います。きれいに集まること，止まること・動かないこと，等，振りを間違えても最後の決めポーズだけ必ず揃う状態にはしておきましょう。

□リズム・ステップはそれぞれ理解できているか
　スモールステップで確認していく
□曲内での振りのつなぎはうまくできているか
　フリップを使って，視覚的に振りの流れを押さえていく

CHECK

曲内での振りのつなぎはうまくできているか

できていない背景 | 番号と動きが一致できない
動作と併せてだと脳のメモリーをオーバーしてしまう

POINT

フリップを使って，視覚的に振りの流れを押さえていく

❶ 振りを定着させていく

　121ページで行ったように振りはフリップに書いて覚えて，フリップを見ただけでステップが踏めるようにしておきます。これができていれば振りの名前を書いたフリップを，課題曲に合わせて順番に並べ，どの振りをどういった流れでやるかを視覚化しておきます。視覚化しておくことで次の振りへの準備もできますので，振りが変わる時に遅れにくくなります。サビの部分は特に多く練習しますので，子どもの習熟度にあわせてサビの部分のフリップを取ったり，サビだけフリップを見たりと少しずつ変化させていき，最終的に視覚情報をカットして全部を覚えられるようにしていきましょう。

　表現運動は協応動作と記憶が重要なキーポイントです。しかし，両方とも失敗体験から体得することが難しい内容です。一気に振りを入れたりせず，その前に振りに必要な協応動作の練習をして自信をつけさせておきます。さらに振りを覚えるには1小節ずつできる自信をもってからではないと，覚えてないのに先に進めば不安が強くなり，余計に身体を動かすことができなくなってしまいます。子どもたちが自信をもってできるようになるためにも，まずは簡単にできるところからはじめてみましょう。

表現運動

おわりに

「先生！　子どもを教えるの上手だね！」

　この言葉は数年前に私が教えている生徒さんから頂いた言葉です。その時は「先生はプロだから当たり前だよ！」と言いましたが，「教えるの上手！」だけでなくて「子どもを教えるのが上手」そう言ってもらえたことがとても嬉しかったのを今でも覚えています。

　子どもたちはできた時にとても良い笑顔を見せてくれます。そしてもう一度その成功体験を味わいたくて，新しいことにも挑戦してくれます。それは私たち指導者にとっても一緒です。
　子どもたちのできたが指導者にとっても成功体験なのです。もっとできるようになってほしくて，もっと私も成功体験を味わいたい。だからこそ，子どもたちの「できない」に日々向き合いどうすればできるようになるかを考えてきました。

　今回紹介させて頂いたやり方は私自身が実際にレッスンで使用しているものを紹介させて頂きました。できない子どもたちが「できた！」を体験し，運動を少しでも好きになってもらいたい。そう考えながら行ってきたやり方です。

　この本を手に取って頂いた方に対して少しでもお力になることができれば幸いです。

2021年1月

株式会社ボディアシスト　取締役　西薗　一也

【著者紹介】

西薗　一也（にしぞの　かずや）

1978年東京都生まれ。日本体育大学卒業。
民間企業として体育の家庭教師「スポーツひろば」を立ち上げる。多くの運動の苦手な子の指導を行い，運動の苦手な子を専門に扱う指導者を志す。その中で発達障がいの子どもと出会い，運動の苦手さを再確認し「発達障がい児のための運動教室」を立ち上げ地元でもある東京都世田谷区に「スポーツひろば運動教室」を設立。障がいのある子どもの運動指導法で講演会等を行い，多くの小学校，支援級の講演会／研修会を務める。

株式会社ボディアシスト　取締役
一般社団法人　子ども運動指導技能協会　理事
東京都特別支援学校　外部専門員
ヒューマンアカデミー　チャイルドケアカレッジ　非常勤講師
平成国際大学　非常勤講師

〈著書〉
『発達障害の子どものための体育の苦手を解決する本』草思社，2013年
『うんどうの絵本　全4巻』（監修）あかね書房，2015年

〔本文イラスト〕木村　美穂

小学校体育　つまずき解消事典
運動が苦手な子もフルサポート

2021年3月初版第1刷刊　©著　者　西　薗　一　也
発行者　藤　原　光　政
発行所　明治図書出版株式会社
http://www.meijitosho.co.jp
（企画・校正）中野真実
〒114-0023　東京都北区滝野川7-46-1
振替00160-5-151318　電話03(5907)6702
ご注文窓口　電話03(5907)6668
＊検印省略　　　　組版所　藤　原　印　刷　株　式　会　社

Printed in Japan　　　　ISBN978-4-18-307524-6
もれなくクーポンがもらえる！読者アンケートはこちらから

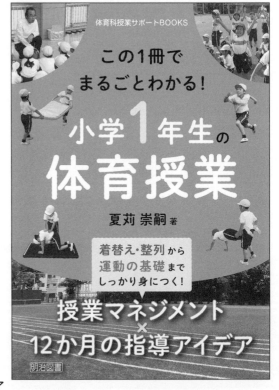